高等职业教育
通识类课程
新形态系列教材

大学生心理健康教育

——『匠心工坊』心理素质提升实操

主　编　黎天业　王景
副主编　陆晓明　陆瑶　金晶

中国水利水电出版社
www.waterpub.com.cn
·北京·

内容提要

本书基于大学生心理素质培养机制，以“中国梦”和“青春梦”为引领，通过“匠心工坊”和编者提出的“唤醒—建构—启航—超越”四步实践法，引导学生开展行动学习，提升心理素质，实现创新梦想。本书具有适应面广、形式新颖、逻辑清晰、可操作性强等优点。书中展示了从兴趣、认知、情绪、意志到行动的追梦心理全过程。从引导大学生发现兴趣，选择和确定个性化目标开始心理素质建构，在实践中不断完善和提升希望、韧性、自信、乐观等心理素质，并结合赛事实践进行测试评估直至落地实施。

本书对学生的基础知识和学科背景没有要求，既可以作为职业院校心理素质提升教材，也可作为有志于以“心”助力梦想实现的社会各界人士学习辅导的读物。

图书在版编目（CIP）数据

大学生心理健康教育 ：“匠心工坊”心理素质提升实操 / 黎天业，王景主编. -- 北京 ：中国水利水电出版社，2022.11
高等职业教育通识类课程新形态系列教材
ISBN 978-7-5226-1072-6

Ⅰ. ①大… Ⅱ. ①黎… ②王… Ⅲ. ①大学生－心理健康－健康教育－高等职业教育－教材 Ⅳ. ①G444

中国版本图书馆CIP数据核字(2022)第207633号

策划编辑：石永峰　责任编辑：赵佳琦　加工编辑：白绍昀　封面设计：梁燕

书　名	高等职业教育通识类课程新形态系列教材 大学生心理健康教育——“匠心工坊”心理素质提升实操 DAXUESHENG XINLI JIANKANG JIAOYU—“JIANGXIN GONGFANG” XINLI SUZHI TISHENG SHICAO
作　者	主　编　黎天业　王景 副主编　陆晓明　陆瑶　金晶
出版发行	中国水利水电出版社 （北京市海淀区玉渊潭南路 1 号 D 座 100038） 网址：www.waterpub.com.cn E-mail：mchannel@263.net（答疑） sales@mwr.gov.cn 电话：（010）68545888（营销中心）、82562819（组稿）
经　售	北京科水图书销售有限公司 电话：（010）68545874、63202643 全国各地新华书店和相关出版物销售网点
排　版	北京万水电子信息有限公司
印　刷	三河市德贤弘印务有限公司
规　格	184mm×260mm　16 开本　13.5 印张　272 千字
版　次	2022 年 11 月第 1 版　2022 年 11 月第 1 次印刷
印　数	0001—4000 册
定　价	49.00 元

编委会

序

没有通识教育，就没有大学。作为一名从事人文教育研究近30年的教师，我对这一说法深以为然。亚里士多德说：“人是有理性的动物。”“理性”是人之所以为人的一个重要标准。理性来自博学多识，来自知自然人文、晓古今之事、通情而达理，也就是我们通常所说的通识教育。

党的二十大报告提出，我们必须坚定历史自信、文化自信，坚持古为今用、推陈出新。通识教育的思想在我国可谓源远流长，《易经》说“君子多识前言往行，以畜其德”；《中庸》主张“博学之，审问之，慎思之，明辨之，笃行之”。大学通识教育从性质上说，就是办学思想，是高等教育的重要组成部分；从目的上说，是通过增加学生知识的广度与深度，拓展学生的视野，使学生兼备人文素养与科学素养，把学生培养成“全面发展的人”。《中国教育现代化2035》中将“以德为先，全面发展，面向人人，终身学习”作为教育现代化的基本理念，这与通识教育的理念和目标不谋而合。

当前，我国高职院校都开设了一定数量的通识教育类课程，但不少学校和教师认为通识教育就是加强学生的人文修养，增加学生的人文知识，提升学生的审美品位，并未充分认识到在我国高职教育已经从规模扩张进入到内涵建设新阶段的背景下，高职院校应更加注重学生道德情操和社会价值观念的培养，更加注重学生知识广博性和心智的培养，应该把帮助学生了解自己与社会、文明与文化、科学与技术、过去与未来作为高职教育的一个重点，从而实现高职教育指导思想和办学观念的根本转变。

大学通识教育应该“通”什么、“识”什么，仍是一个值得讨论的问题。不同层次的大学、不同层次的教育，应该掌握的通识知识是有差异的。就高职教育而言，学生应该通过通识教育，具备良好的品德，具有较好的人际互动和团队合作能力，具有比较广阔的社会视野，成为一个具有较高素养的公民。学生在语言素养上，应该具有较好的沟通表达能力；在艺术素养上，应该具有较高的人文艺术和美感品味；在科学素养上，应该有较强的思考、创造、自学能力和关怀生命、关怀自然的意识，应该拥有健康的体魄与心理调适能力。

正是基于以上对高等职业教育通识教育的认识和理解，我们编写了这套高等职业教育通识类课程新形态系列教材，探索构建与一流高职学生培养相适应的通识课程体系。系列教材策划编写力求体现普、新、特、实四个字。

普，就是基础性综合性视角。这套教材基于通识教育理念编写，既包括阅读与写作、高等数学等基础性课程，也包括心理健康、口才沟通等内容，旨在培养学生的思维能力、人际沟通交往能力等，为学生终身成长和可持续发展奠定基础。

新，就是新形态教材形式。在本套教材里，以活页式形式组织教材内容，以工作手册形式使教材内容结构更加简洁实用，将教材内容以融媒体立体化形式呈现。

特，就是体例和撰写特色。“考考你”“专题点击”“学有所问”“任务分析”“任务提醒”等编排体例会给学习和实操带来新体验、新感受。

实，就是务实和实用。整套教材的内容选择和实操任务设置从高职教育特点出发，注重通识教育的有用性，既利在当前，又着眼长远，让学生在受到广泛通识教育的同时，在实操项目的情境化设置中提高动手能力和创造力。

南宁职业技术学院作为全国56所中国特色高水平高职学校建设单位之一，近几年在高职院校通识教育方面积累了一些经验，这套教材的编写旨在为高职院校内涵建设打开一扇窗，为高职院校通识教育贡献绵薄之力。

陈秀泉

2022 年 8 月 28 日

写于南宁职业技术学院金葵湖畔

前言

大学生心理健康教育是加强和改进大学生思想政治教育工作的重要环节，是落实立德树人、促进学生全面健康发展的重要途径，也是提高大学生心理素质、帮助大学生健康成长、培养社会主义建设者和接班人的重要途径。2021年7月，教育部办公厅发布《关于加强学生心理健康管理工作的通知》（教思政厅函〔2021〕10号），对大学生心理健康教育的必修、选修课程体系建设提出了明确的指导，提出要加强心理健康课程建设，发挥课堂教学主渠道作用；要大力培育学生积极心理品质，充分发挥体育、美育、劳动教育以及校园文化的重要作用。党的二十大报告中重点提到实现美好生活离不开推进健康中国建设，而要推进全面的健康中国建设，离不开心理健康和精神卫生工作。

“匠”，治也，有教、培养及造就之意。“匠心”，即培养造就良好的心理素质，同时兼有“中国制造2025”与“工业4.0”时代所倡导的“敬业、精益、专注、创新”的工匠精神之意。

本书的理念：一是立足于大学生心理发展的需要，基于积极心理学，突出“做中学”的特点，让心理教育回归到日常生活。二是注重生命和挫折教育，着力培养创新思维和创造力，强调课程思政。三是以任务为驱动，提升学生的心理素质。

本书由黎天业、王景任主编，陆晓明、陆瑶、金晶任副主编，参与编写的人员有江彩凤、李颂平、乐鑫、蒋丽娟、韦玉敏、黄育聪、赵乐子、伍业光等。

本书在编写过程中，参阅了国内外大量的文献资料，在此一并表示感谢。南宁职业技术学院各级领导对本书的编写给予了大力支持，在此致以诚挚的谢意。

由于编者的水平有限，书中疏漏在所难免，恳请读者批评指正。

编者

2022 年 10 月

目录

项目一 匠心的唤醒

项目任务

任务1 发现兴趣 增进幸福

任务2 展示努力

任务3 探索计划

任务4 路演模拟

任务5 心理团辅：梦的工作

任务1　发现兴趣　增进幸福

【任务描述】

1．了解兴趣及其发展

2．思考兴趣对增进自身幸福的作用

【任务目标】

1．发现自己的兴趣

2．掌握增进幸福的策略

发现兴趣　增进幸福

【知识链接】

兴趣一方面取决于人们天生的素质，另一方面则取决于人们所接受的教育。

一、兴趣

兴趣就是一种喜欢和关切的感觉，是让人产生好奇的源泉，是态度和情绪引发的反应，是心理变化的催化剂。在广义上，任何一种能够引起人的注意力和关注度提升的事物都可以笼统地被称之为兴趣；在狭义上，对人产生正面积极意义的事物才可称之为兴趣，即只有健康向上的行为或事物本身才有权利归入兴趣这个范畴。

（一）兴趣分类

人类的兴趣是多种多样的，可分为物质兴趣和精神兴趣两大类。

1．物质兴趣

物质兴趣是人类兴趣中最为基本的，是人对自身生理需要的一种需求，比如：衣食住行，柴米油盐酱醋茶等。

2．精神兴趣

精神兴趣则是精神上更高层次的追求，如：知识、艺术、审美等。

人所生活的环境不同、家庭背景不同、知识水平不同，那么所追求的精神兴趣的层次也是不同的，不一定学历越高的人追求的兴趣品味就越高，兴趣与生存环境具有一定的联系但不一定呈线性关系。

人的兴趣不是由外力强加的，而是由内而外产生的，只有这样的兴趣才符合人自身心理和生理的发展；有时候，人可能暂时因为某些原因无法寻找到自身所需要并且合乎情理的兴趣，那么就需要通过外在引导、激发和培养。人们接受外在的兴趣引导和教育时应充分考虑自身的能力水平和身心发展，选择正确的内容和方法，注重个性化差异。

兴趣是一种在不断发展的活动，由外界物体活动和兴奋反应形成，不是静态的或短暂的刺激。兴趣标志着在行动上和思想上的自我与客体之间融为一体。

（二）兴趣的发展阶段和特征

从孩童时期开始，人们就表现出兴趣发展的阶段性。正如杜威所说："在儿童本性的发展上，自动的方面先于被动的方面，表达先于有意识的印象，肌肉的发育先于感官的发育，动作先于有意识的感觉。"

1. 儿童的兴趣发展

儿童的兴趣发展大致经历四个阶段。

（1）身体活动的兴趣。该阶段包括互相结合地运用感觉器官——眼、耳等和运动器官——肌肉。所以，低年级儿童的身体活动兴趣应受到足够的重视。

（2）使用工具活动的兴趣或建设性工作的兴趣。工具使用可以被看作身体器官活动的延伸。杜威认为"对工具和用具（广义上的）的使用又比使用天然器官的技巧需要多得多的技巧——或者说它包含着对后者的日益复杂的运用——因而激发起新的发展方向。"

（3）理智兴趣阶段。理智的兴趣是身体和建设性活动兴趣发展的自然结果，其实在这两种兴趣活动中都已含有理智的成分，只是其不占主导地位而已。"当任何人对一个成为问题的问题发生兴趣、对探究和解决问题的知识发生兴趣时，兴趣就具有了理智特点。"

（4）社会兴趣。社会兴趣反映的是儿童对社会关系的关注热情。"对人的关注是一种特殊的兴趣，也是与前几种兴趣纠缠在一起的兴趣。"脱离了社会兴趣，学习的理智活动将无法进行，"纯粹抽象的智育学科使很多儿童感到厌烦，这只是反映了一个事实，即向他们提出的事物——事实和真理——是孤立于人类关系之外的。"

2. 直接兴趣和间接兴趣

直接兴趣是直接的、即时的，它是在没有想到任何其他事情的情况下发生的，其目的就是眼前的活动。比如，儿童和他的球、业余爱好和听交响乐等。

间接兴趣又叫居间兴趣，标志着简单的活动生长或展开成为复杂的、需要更多时间去实行的活动。间接兴趣一个重要的功能是可以促使人们对本来不感兴趣的东西发生兴趣，因为我们可以将那些原来不感兴趣的东西当作实现目的的方法和手段。

很多令人不感兴趣的甚至令人讨厌的事物，当人们把它看作是能达到某种目标的方法时，它有可能变得有趣。比如，一些学生并不喜欢画画，可当他发现他心仪的人看到自己作品时两眼发光的样子，他对画画越来越感兴趣，甚至主动报培训班提高画画技能。又比如，一些学习建筑设计的学生在了解专业发展需要以数学理论作为工具后，发现曾经一度使自己觉得枯燥无比的数学理论，由于有利于专业发展而变得日益吸引自己。当音符和指法技巧被当作学习的对象并被孤立对待时，大家对它是不感兴趣的；当认识了它可以帮助自己在众人瞩目的舞台发光时，指法练习就变得迷人了。所以，在教育领域中，想办法找到兴趣或者让原本不太感兴趣的事物“变得有趣”是我们让教育起效的出发点。

3. 努力和兴趣

努力和一个人真正的兴趣是紧密相连的。顺着兴趣而努力，调动自身的积极性，才能更快达成目标。如果努力和兴趣背道而驰，那么，这时的努力就变成了被动的“压力”，而这种现象在教育实践活动中无处不在。因此，当人们对活动具有积极的、持久的兴趣，即能激起人们对目的有更清晰的认识并对完成活动的方法有更为深思熟虑的考虑时，所需要的努力自然、自觉、主动地出现。

总之，一个人的兴趣发展具有阶段性，我们的教育和引导应适应不同发展阶段的学生的兴趣；我们可以要求学生努力，引导学生顺着自己兴趣方向努力，如果发现目前的专业和兴趣相悖，则应善于发现、发展学生的间接兴趣。对于教育领域来说，间接兴趣的培养尤其重要。

当代的教育心理学一般将兴趣理解为个人兴趣和情境兴趣，即兴趣包括先天因素，也包括后天的影响。个人兴趣被定义为跨时间发展的、相对稳定的一种个体倾向，而情境兴趣被看作是对环境输入的一种反应。兴趣通常指人们对环境上的人或事物的喜爱程度。兴趣的形成与遗传有一定关系，但主要是在后天环境中逐步形成的。

4. 兴趣的三个特征

兴趣的三个特征包括：一是兴趣源于人的自发的本性、冲动性，具备先天的性质；二是兴趣总是指向一个目的或目标；三是兴趣可以变成动力，推动一个人去为实现兴趣目标而奋斗，在这个过程中，可创造和增进幸福感。

人们通常倾向选择与自我兴趣类型（如企业型（E）、艺术型（A）、社会型（S）、研究型（I）、常规型（C）、现实型（R））匹配的职业环境。但也有例外：一则因为个体本身常是多种兴趣类型的综合体，单一类型显著突出的情况不多，因此评价个体的兴趣类型时也时常以其在六大类型中得分居前三位的类型组合而成，组合时根据分数的高低依次排列字母，构成兴趣组型，如RCA、AIS等；二则因为影响职业选择的因素是多方面的，不应完全依据兴趣类型，还要参照社会的职业需求及获得职业的现实可能性。因此，职业选择时会不断妥协，寻求与相邻的职业环境，甚至相隔的职业环境相匹配的职业，在这种环境中，个体需要逐渐适应工作环境。但如果个体寻找的是相对的职业环境，意味着所进入的是与自我兴趣完全不同的职业环境，则工作起来可能难以适应，或者难以做到工作时觉得很快乐。所以，除了关注兴趣，还需要从根本上找到增进幸福的策略。

二、增进幸福的策略

尽管不同的人有着不同的幸福观，但追求幸福的愿望是相通的。马克思主义幸福观认为，幸福是处于一定社会关系中的人们，在满足物质生活基本需求的基础上追求更好精神生活、更高文明境界的现实活动过程，是创造价值和实现人的本质力量的过程和积极体验。人的幸福既是一种具有目的性、意义性、创造性的生活效果，又是人们生存和发展的终极目标。了解自己的人格特点进而找策略，可有效增进幸福感。

（一）营造和谐家庭氛围，优化教育方式与经济条件

首先，应营造和谐家庭氛围。家庭氛围是指家庭中占优势的一般态度和感受，它是由语言和人际氛围构成的。这种氛围直接影响着家庭中每个成员的心理，尤其对孩子个性品格的形成特别有意义。如有的家庭成员之间和谐、融洽，尽管有时发生不同意见，但在原则问题上是团结一致的，这样在占优势的合作、谅解的氛围下，不但使孩子学会了人与人之间的互助、互爱、合作、谅解，使孩子的思维、意志、能力等得到和谐发展，而且从中获得安全感，形成乐于接受教育的自觉性。而在另一种家庭中，成员之间如同陌路人，争吵不休、处事自私、互相折磨，这样家庭的孩子心理往往是不健全的，甚至是畸形的。他们对事情冷漠、偏执、不合作，甚至把家中的精神折磨迁移到别人身上以求心理平衡，这样的孩子容易犯罪闹事，难于教育。因此建立良好的家庭氛围是孩子良好心理素质形成和发展的前提条件。大力提倡家庭美德，正确处理家庭成员的互相关系，形成良好规范。如说话办事要以理服人、以情感人、以身作则、相处和睦、尊老爱幼，语言文明，努力构建家庭的融洽气氛。因此，生活在温馨健全的家庭氛围中的当代大学生，更容易获得幸福的感觉。

其次，应努力改善家庭教养、教育方式。家长应尊重孩子的想法，既不过分干涉，可以在大方向上给予指导，适当放权；也不溺爱与放纵，引导他们逐渐走向思想与人格的独立，并鼓励他们自立自强，热爱生活，这样才可以在家庭氛围中体会真正的幸福感。

（二）加强幸福感教育与校园文化建设，满足学生基本学习生活条件

首先，加强校园文化建设，促进大学生人际的良性互动。不仅可以让学生拓展交际圈，共同发展自己的兴趣，也可以拓展学生们的视野，提升他们的个人价值，有助于他们主观幸福感的提升。

其次，满足大学生最基本的生活条件与学习条件。了解学生在基本生活条件与学习条件方面的需求，对于存在的不足要及时给予补足。满足其基本的需求，幸福感才有可能提升。

（三）健全自身人格，提升身体素质，优化人际关系

第一，培养大学生良好的心理品格和积极向上的人生态度，帮助大学生学习、掌握一些实用的心理技巧，使他们能更好地化解所遇到的困难。大学生还应学会自

我调适，才能增强自身的幸福感。

第二，营造良好的运动氛围，加强体育基础设施建设，积极组织开展大学生体育运动。与此同时，学校还应注重大学生的睡眠质量，要注意让大学生有更多的时间去参与丰富多彩的课外生活。当然，学生也应该自觉保证睡眠时间，不应经常熬夜，要注意身心健康，以提升幸福感。

第三，良好的人际关系是一个人健康快乐成长不可或缺的因素。大学生作为群体生物必然离不开相互之间的联系，难过时的倾诉对象，开心时的喜悦分享，研究时的得力同伴，旅行时的可靠相伴，良好的人际关系对于每个人都有着重要的积极作用。阴霾中挚友一双温暖的援助之手，成功时朋友的一声真心祝贺，都可以驱散迷雾，照亮前方的路，幸福感也会油然而生。

（四）提供良好的社会支持，优化社会条件

大学生最终都会要步入社会，他们需要社会给予的必要支持。研究发现就业压力过大可能会导致大学生心理状态的失衡，严重的会引起大学生的身患疾病和产生心理障碍，从而影响大学生对于幸福感的体验。优化宏观环境，满足毕业生稳定的就业预期，提供更多的实践机会，让大学生提升自己的就业能力。同时还应出台一系列惠及大学生的创业就业政策，健全用人制度，建立社会公益就业指导中心，提供专业的就业心理疏导、信息咨询等相关服务，让部分对未来产生焦虑的大学生消除焦虑情绪，通过获得社会良好的支持来提升自身的幸福感。

【任务实施】

请同学们体验表1-1中列出的增进自身幸福的策略，在空白处补充自己找到的其他方法（没有对错，只要自己觉得能增进自身幸福即可），并和同学们分享。

表1-1　增进幸福的策略

领域	策略
人际关系	找个与自己相似的人相处，与同伴的沟通要友善、明确，原谅同伴的过错
	与大家庭保持联系
	结交几个好朋友
	与熟人合作
环境	确保自己和家人的人身财产安全
	定期享受好天气
	住在风景优美的地方
	住在有悦耳的音乐和赏心悦目的美术作品的地方

续表

领域	策略
身体状况	戒除有损健康的习惯
	有规律地锻炼身体
教育和工作	完成具有挑战性的任务
	从事有趣且有挑战性的工作，获得成功和认可
	为一组相辅相成的目标而奋斗
休闲	适度品尝美食
	适度休息、放松、度假
	与朋友一起参加群体性休闲活动，比如唱歌、跳舞、打球、划船、冲浪等
习惯	了解并接受“享乐主义踏板车”现象，不过度追求物质，要有精神追求
比较	认识到媒体典范形象有夸大成分和虚假成分，不要与媒体典范作比较
	与所在圈子中的人作比较，与不如自己的人作比较
	根据自己的能力和资源设置恰当的目标和标准
对同等得失的不对等反应	认识到“很大的收益才能让幸福多一点，很小的损失就会让幸福少很多”，避免失望
令人痛苦的情绪	对于抑郁，要回避让你痛苦的情境，把注意力集中到情境中不令你痛苦的方面；严正请求那些让你痛苦的人改变行为方式；挑战那些悲观主义和完美主义的想法；让自己变得活跃一些，寻求社会支持
	对于焦虑，挑战那些杞人忧天的想法，进入令你害怕的情境锻炼勇气，运用技巧减轻焦虑
	对于愤怒，要回避让你生气的情境，把注意力集中到情境中不令你生气的方面；严正请求那些惹你生气的人改变行为方式；自己退一步，尝试换位思考

任务2　展示努力

【任务描述】

关于“努力”的案例思考

【任务目标】

展示过去、现在和将来的努力

展示努力

【知识链接】

有人问一位智者，“请问，怎样才能成功呢？”智者笑笑，递给他一颗花生“用力捏它”。那人用力一捏，花生壳碎了，只留下花生仁。“再搓搓它”，智者说。那人又照着做了，红色的皮被搓掉了，只留下白白的果实。“再用手捏它”，智者说。那人用力捏着，却怎么也没法把它毁坏。智者说：“固然屡遭挫折，却有一颗坚强的百折不挠的心，这就是成功的秘密。”在生活中，对于“努力”这个词，大家一点都不陌生，可为什么有的人做事会成功，而有的人做事总会失败呢？也许是因为他们虽然都在奋斗，但所付出的努力不同，坚持不懈的努力奋斗是成功者的座右铭，在奋斗的过程中有苦、有累、有伤心、有高兴。一次次地跌倒，一次次地爬起，使我们变得更加坚强、更加自信，能做好每一件事情。努力是成功的密码，因为努力，所以离梦想更近；因为努力，人生才有价值。无论如何，我们都不能轻易否定自己，明天还没到来，今天的努力还未停止。工匠精神在很大程度上需要的不仅是精益求精，更重要的是坚持不懈、推陈出新、挑战自我，将“没有最好，只有更好”作为精神目标。在当代社会，被大众所熟知的苹果公司创始人乔布斯被誉为“当代最伟大的工匠”，他所经营的苹果公司的产品就是一个最能代表匠人精神的产物。他对工作精益求精，所设计的产品不断地改变手机在人们生活中的使用方式。当其他公司都在着重进行手机外型上的设计时，苹果公司注重机身内部性能的提升，在整体设计中反复雕琢，致力打造完美与极致的手机。一年一次的苹果手机发布会总能引起大众的关注和期待，总能让人们对手机的理解有所刷新。苹果公司在乔布斯的指引下，创造出一个又一个精品。

展示努力，就要增强主人翁精神。在企业，要有“企业是我家、发展靠大家”的意识。每个人都要有主人翁精神，把企业当成自己的家，积极为企业发展贡献自己的力量，企业成长了才能带给个人更多的发展空间。在工作、生活中，有的人可能有小富即安，或者有着当一天和尚撞一天钟的心态，这些都是要杜绝的。也有的人遇到一点压力就放弃，遇到一点不确定性就感觉前途暗淡无光，遇到一点不快乐就好像进入最黑暗的时候，这些也许都只是因为不想努力而放弃找的最借口。失败不怕，怕的是没有尽力，到最终连虽败犹荣的资格都没有。

努力的目标有许许多多，我们能够为祖国的强大而努力，为自我的未来生活而努力，为事业发展打拼而努力。“为中华之崛起而读书”是周恩来总理在少年时代立下的宏伟志向，表现了为国家和民族而奋斗终生的责任感和使命感。《汉乐府长歌行》中所写到“少壮不努力，老大徒伤悲”，表示命运往往是掌握在自己手中，尽全力去改变，我们才能创造出一个美好的未来。

【思考案例】

中央电视台播出的系列片《大国工匠》，讲述了一群在生产一线的杰出劳动者的感人故事。

（1）工作30多年来，胡双钱创造了打磨过的零件百分之百合格的惊人纪录。在中国新一代大飞机C919的首架样机上，有很多老胡亲手打磨出来的“前无古人”的全新零部件。

——中国商飞上海飞机制造有限公司高级技师胡双钱

（2）经捞纸工周东红的手捞出晒成的宣纸，每张重量误差不超过1克。30年来，周东红始终保持着成品率100%的记录，他加工的纸也成为韩美林、刘大为等著名画家及国家画院的“专用画纸”。

——中国宣纸股份有限公司高级技师周东红

（3）在工作时，管延安要进入完全封闭的海底沉管隧道中安装操作仪器。按照规定，接缝处间隙的误差要小于一毫米，他却能做到零缝隙。只有初中文化的他，全凭自学成为这项工作的第一人。他所安装的沉管设备，已成功完成16次海底隧道对接。

——港珠澳大桥钳工管延安

（4）在2014年北京APEC会议上，我国送给外国领导人及夫人国礼之一“和美”纯银丝巾果盘，是孟师傅在只有0.6毫米的银片上，经过上百万次的精雕细琢才打造出的“丝巾”。航天英雄、奥运优秀运动员、汶川地震纪念等奖章都是出自孟剑锋之手。

——国家高级工艺美术技师孟剑锋

（5）殷瓦焊是世界上最难的焊接技术，殷瓦板如牛皮纸一样薄，一条液化天然气船（LNG船）上的手工焊缝长达13公里，一个针眼大小的漏点，都有可能带来致命后果。张冬伟的焊接技术不但质量百分百有保障，外观上也完美无缺。

——沪东中华造船集团焊工张冬伟

（6）他是和谐号CRH380A的首席研磨师，是中国第一位从事高铁列车转向架“定位臂”研磨的工人，被同行称为“鼻祖”。从事该工序的工人全国不超过10人。他研磨的转向架装上了644列高速动车组，奔驰8.8亿公里，相当于绕地球2201圈。

——南车青岛四方机车车辆股份有限公司高级技师宁允展

（7）焊工高凤林35年专注火箭发动机焊接工作，被称为焊接火箭“心脏”的人。130多枚长征系列运载火箭在他焊接的发动机的推动下顺利飞入太空，其中就有送“嫦娥”卫星去月球的长征三号甲系列火箭。0.08毫米，是高凤林焊接生涯里挑战过的最薄纪录。

——航天科技集团运载火箭技术研究院特种熔融焊接工高凤林

（8）载人潜水器有十几万个零部件，其组装对精密度要求达到了“丝”级。在我国，能实现这个精密度的只有顾秋亮。成功把“蛟龙”送入海底后，他的新挑战是组装中国首个完全自主设计制造的4500米载人潜水器。

——中国船舶重工集团公司第702研究所顾秋亮

【名人名言】

一个天才！我练习了37年，每天14小时，现在他们叫我天才！

——帕布罗·德·萨拉萨蒂

【任务实施】

请同学们根据主题设定的问题回顾过去的经验和体验，思考理想的未来，并在小组内进行展示。

一、个人主题

（一）设计理念

应用欣赏式探寻采访流程设计。

（二）完成方式

利用过去的充实体验来完成本任务。

（三）设计视角

（1）回顾过去的经验，列举出最出色的表现，回顾感到充实的体验（成功体验）。

（2）思考能够体验到充实的理由（发现优势和价值）。

（3）想象当自身的优势和珍视的价值得到进一步强化时，可能有一个什么样的未来（积极的未来）。

（4）思考为了实现理想的未来，需要采取怎样的行动（行动）。

二、集体主题

当全体同学一同思考集体愿景的时候，可以设定以下问题。

（一）成功体验

请说说你至今为止在集体生活中最辉煌（充实）的时刻。

____

____

____

（二）发现优势和价值

使你的成功体验成为可能的主要原因是什么？

（三）积极的未来

如果那样的优势和价值得到进一步发挥，集体的未来会怎样？

（四）行动

为了实现理想的未来，应该走出的第一步是什么？

三、展示方式

每个成员先在小组内进行展示后，每个小组推选出一个代表，在班级总结所有小组成员的成果。

四、教具准备

A4纸、A2纸。

任务3　探索计划

【任务描述】

了解项目计划书的要素

【任务目标】

学会撰写项目计划书

【知识链接】

探索计划

一、项目计划书简介

项目计划书是项目开发者为了向合作伙伴介绍、凝聚团队、对外展示、吸引投资人融资而准备的书面计划，计划书具有相对固定的内容和模式，主要用于推广、融资或其他发展目标的展示和说明，一般分为文本项目计划书和PPT项目计划书两种形式。

二、项目计划书的要素

项目计划书主要包含要素见表1-2。

表1-2　项目计划书要素

序号	项目	具体内容
1	成果	成果是否真正解决了现实的需求？成果解决需求的方式是否具有独特性且难以复制？
2	前景	未来计划是否体现了一定的前瞻性？
3	资源	知识、经验、人脉、资本都是项目开发不可或缺的资源。项目团队是否拥有独占性或稀缺资源？
4	团队	项目创始人是否有相关经历和抗挫折能力？团队的构成是否合理？团队是否便于管理？
5	政策	是否属于国家鼓励和扶持的发展方向？
6	时机	是否处于最佳开发时机？是否太早或太迟？
7	技术	是否具有独占性的技术带来的先发优势？
8	模式	业务模式是否符合逻辑？随着业务的发展，是否可以体现更大的社会价值及发展空间？

三、撰写项目计划书

项目计划书撰写求：逻辑清晰、突出重点、文字简练、视觉美观。

【任务实施】

请同学们通过给出的辅助思考框架，完成项目计划书各部分的撰写。

一、项目介绍

（一）项目内容

尽可能用一句话说清楚我是什么人，在做什么事，想解决什么问题，项目有什么亮点。

（二）辅助思考框架

（1）我们是谁？

（2）我们的项目在为谁解决问题？

（3）我们在做什么？

（4）我们是首创吗？

项目简介

二、行业背景分析

（一）项目相关的行业背景

项目相关行业背景主要就是了解项目的行业、市场、具体发展情况，了解行业痛点及竞争态势是如何。可以从这几个角度分析：行业分析、市场分析和竞争分析。行业分析是对供给方进行分析，具体可以包括行业概述、行业规模（整体行业和细分行业）、行业利好政策（政策优惠、税收、脱贫扶持）和行业发展趋势。市场分析是对需求方进行的分析，包括市场规模和发展痛点。竞争分析，是用优劣势分析法（SWTO）分析竞品的优势劣势，从而引出项目有什么优势，解决了行业的什么痛点。

（二）需求概述

（1）如何发现的需求？在什么领域和 群体内发现的？

（2）需求未能满足的现状是？（感性描述，可辅以案例）

（3）需求的规模？（量化描述）

（三）辅助思考框架

（1）导致需求产生的原因是什么？

（2）现有的解决方案，只考虑了哪些人群的需求，没有考虑哪些人群的需求？

1）现有的解决方案，在哪些环节做得还不够好？受到影响的人群有哪些？

2）现有方案未能满足哪些人群的需求？

3）由于当前哪些环节问题的存在，带来了哪些负面影响？

4）我们需要哪些更有效的方法来替代目前哪些环节？

背景分析

三、解决方案

（1）用一两句话说清楚准备做什么事。

（2）解决方案或产品是什么，提供了怎样的功能？

（3）辅助思考框架。

1）我们解决了什么问题，满足了哪些人的未被充分解决的需求？

2）我们基于什么理论或技术提出解决方案？

3）和原来解决方案相比，最大的不同是什么？

4）我们解决了被替代品的什么不足？

5）列出具体解决方案。

解决方案

四、方案优势

（一）方案的核心竞争力

（1）项目与众不同的地方是什么？

（2）项目的核心竞争力是什么？

（3）理论和技术的应用有没有门槛？

（二）横向竞品对比分析

（1）选取关键的对比维度。

（2）以客观、详实的数据来说明。

（三）辅助思考框架

（1）们的项目方案在哪些方面最与众不同？

（2）我们的优势资源是？在哪些维度最具竞争力？

（3）我们的解决方案增加了哪些客户迫切需要的功能？

方案优势

五、目标客户

（1）我们的客户是谁？

（2）我们打算如何向我们的客户推广应用？

（3）辅助思考框架。

1）我们的目标客户（群）是谁？

2）客户原有的接受服务的习惯是什么？

3）我们提供了什么新的或特别的服务方式？

4）我们最重要的推广渠道是什么？

目标客户

六、团队优势

（1）团队的人员规模和组成。

（2）团队主要成员背景、特长和分工（人岗匹配度分析）。

（3）团队的核心竞争优势。

（4）辅助思考框架。

1）我们团队能办成项目的关键因素是什么？

2）我们的团队的人员来源、组成和结构是什么？

3）项目创始人的背景、特长与经历是什么？

4）团队成员的背景与特长。

5）团队分工是：

6）团队核心竞争力是：

____

____

____

7）项目创始人有哪些资源？

团队优势

七、我们的进展和展望

（1）前期已成功完成的事情。

（2）今后我们的推进计划。

（3）辅助思考框架。

1）项目启动于何时？

2）截至目前项目已取得的阶段性成果是？

3）我们基于什么来制定未来规划？

4）未来三年我们计划要取得怎样的成果？

任务4　路演模拟

【任务描述】

了解路演及其实施阶段

【任务目标】

掌握路演的技巧

【知识链接】

路演模拟

一、路演的内涵

路演（Roadshow）源自美国华尔街路边的证券推销。经过多年发展，其概念和内涵已延伸至包括新闻发布会、产品推介会、品牌展示、产品试用、优惠热卖、以旧换新、现场咨询、填表抽奖、礼品派送、游戏比赛等多项内容的现场活动。

项目路演是项目计划书展示的关键环节，常见形式有公开路演、一对一路演等，在内容和视觉的呈现上要注意细节和技巧。

实施项目路演过程既要善于交往，又要具有相对独立的人格魅力，更需要一个团队的协同努力；既要注重锻炼沟通的方式和技巧，提升交往能力和办事效率，增加成功机会，又要注重锻炼个人独立思考、决断能力，凡事应在集中大家智慧的基础上，形成自己的独特见解和主张；既要敢于冒险创新，又要善于自我控制基本素质；既要有坚强意志，又要有随机应变的能力；既要坚持不懈的努力和有坚韧不拔的意志，不能被一时的挫折吓倒，丧失信心，消沉不振，又要根据形势及市场变化而随机应变。

二、路演的实施阶段

项目路演的实施过程分为四个阶段：准备阶段、设计阶段、实施阶段和反馈阶段。

（一）准备阶段

在项目路演准备阶段，学生首先接受通识知识、专业知识和专业能力等课堂理论知识的训练。教师在相关的课程设计过程中（主要是专业知识和专业能力课程中）有意识地启发学生，引导高校把教育融入专业课教学，设计相关环节既启发学生的思维，又锻炼学生的意志。

（二）设计阶段

学生提出项目后，做出可行性报告，教师、企业人员从专业的角度予以指导，给出评审意见；对不可行的项目提出改进方案或要求重新选择项目。

（三）实施阶段

学生以团队的形式，将项目方案逐步实施。学生可以听取教师的建议，也可以按照自己的思路完成。

（四）反馈阶段

反馈内容包括学生成长情况和创业项目的持续发展情况等方面，这几个方面的情况主要按照创业项目设计中提出的可行性方案的指标进行考核。

三、路演的技巧

（一）细节

（1）提前进行多次练习，严格把握时间分配。

（2）路演方案需要反复修改和打磨，做好充分的准备，而不是寄希望于现场和即兴发挥。

（3）着衣风格应与路演项目相匹配。

（4）应吐字清楚、语句连贯、适当停顿、语速适中（比正常说话略快）；音量较大，有重点变化；用语要清楚、有节奏、无语病。

（5）语言尽量简洁、精炼、保持平稳的语速、少用“被过度使用”的词语，少用夸大的描述或过于武断的判断。

（二）感情

（1）仪态自然，感情充沛。

（2）注意目光交流。

（3）用讲述的方式进行演讲，而不是念PPT。演讲中增加互动，刺激投资者的兴奋点，带动投资者参与的积极性。

（三）PPT呈现

（1）结构明确，风格统一，逻辑清晰。

（2）以简洁明了的图片、数据、图表为主，辅以简练的总结性话语。

（3）根据路演时间决定PPT页数，一般为15～20页，最多不超过30页。

（四）表达逻辑

（1）把握节奏，不平铺直叙，有详有略，重点突出。

（2）用有效数据说明问题。

（3）整体叙述要有逻辑。参考顺序：项目概述→市场痛点→解决方案→用户分析→核心团队→市场空间→推广方式→商业模式→竞争优势→财务预测→融资规划。（可以根据项目需要修改顺序。）

（4）不断凝练项目的特点，力争用一句话甚至几个字说清楚项目核心。

（5）在一开始设计一个事件、故事或者悬念引起观众注意。

表1-3列出了创新创业的相关政策。

表1-3　创业创新相关政策

时间	相关政策	内容
2014年	《关于实施大学生创业引领计划的通知》	启动实施新一轮大学生创业引领计划
2015年	《关于进一步做好新形势下就业创业工作的意见》	推进“大众创业、万众创新”的政策措施
2017年	《关于继续实施支持和促进重点群体创业就业有关税收政策的通知》	进一步落实有关税收政策，支持和促进重点群体创业就业
2018年	《关于请协助做好国家创新创业政策信息服务网建设有关工作的通知》	高度重视服务网建设工作，协助配合做好服务网建设
2019年	“大众创业、万众创新”税费优惠政策指引	针对创业就业主要环节和关键领域陆续推出了89项税收优惠措施
2021年	《关于进一步支持大学生创新创业的指导意见》	提升大学生创新创业能力；优化大学生创新创业环境；加强大学生创新创业服务平台建设

资料来源：中国政府网http://www.gov.cn

【任务实施】

请同学们根据项目路演实施的四个阶段：准备阶段、设计阶段、实施阶段和反馈阶段，尝试完成一次项目路演。

任务5　心理团辅：梦的工作

【任务描述】

了解梦及其特点

【任务目标】

掌握焦虑型梦的常见类型

梦的工作

【知识链接】

在这个青年人大有作为的时代，每个人都将青春梦融于中国梦，赋予青春以信念、以梦想、以奋斗、以奉献，为实现强国梦增添强大的青春能量。而从个人心理发展来说，我们在青年时期也常常做梦。

根据大量心理咨询和调查发现，虽然梦因人而异，纷繁复杂，但却可以大致分为两类：正常的梦和焦虑型的梦。

正常梦如过眼烟云，从内容到形式与不正常的梦有许多共性。但是它最大的不同是，这些梦境不会给人造成困扰和精神上的伤害，不至于影响人的工作、学习和休息。而焦虑型的梦则在一定程度上对生活、学习和工作有影响甚至造成困扰。

一、焦虑型梦的概述

焦虑是一种不愉快的情绪状态，表现为一种很特殊的恐惧和忧虑。有时一种说不清的压力或各种危险、恐惧或忧虑袭上心头，使你无法关注于一件事情，休息不好、没有安全感、失眠、心神不定、精力无法集中，白白浪费很多时间和精力却收效甚微，但是本人却搞不清造成这种现象的真正原因是什么。

焦虑型的梦可能是有焦虑心理症状的人在睡眠中通过梦境表现出来的一种焦虑。一般来说正常人也焦虑，但是通过理性可以完全控制，甚至明白焦虑的原因，并不影响学习、工作和生活。但是，有些焦虑并非人们都知其所以然的。从精神分析理论角度看，这种焦虑起源于连自己都不容易知晓和无法控制的心理的潜意识部分。在白天，意识控制着人们的心理，将那些不能被社会、群体所接受的愿望的恐惧压抑在内心。到了晚上睡觉时，意识处于休息、松懈的状态中，潜意识通过化装、修饰就跑了出来，得以发泄，这就形成了焦虑型的梦。

二、焦虑型梦的特点

焦虑型的梦有三个特点：经常反复地出现、困扰梦者使其不能自拔、影响梦者正常的工作和学习。

判断是否为焦虑型的梦必须从上述三个特点全面考查，每个特点不可能单独构成焦虑型梦。例如，反复出现的梦不一定都有焦虑的特征。有的青年一遇到使之愉悦的事便做飞翔的梦。但是，当有些青年伴有遗精时，他的梦境就可能成为一种困扰和影响工作学习的焦虑症。又例如，有的青年偶尔做了一个凶杀的梦，很害怕，醒后仍然心有余悸，这也不能视为焦虑型梦。但是如果他经常做噩梦，就要考虑他是否有焦虑症了。通过分析焦虑型的梦，可以发现青年人心灵深处秘密。帮助他人及时克服潜在的（有时并不明显的）心理障碍，摆脱困扰，提高心理素质，有意识地锻炼自己的健康的心理，投入到正常的工作和学习中去。

三、焦虑型梦的分类

青年人常见的梦分3类：第一类是青春发育期和在与异性交往过程中所产生的焦虑型梦；第二类与第一类相联系，属于情感寄托型，企图逃避造成焦虑环境的梦；第三类就是与学生的学习相联系的，由于课程负担重、压力大、力不从心，导致的焦虑型梦。

（一）青春发育成熟期和与异性交往过程中所产生的焦虑型梦

主要表现在以下几个方面：

（1）在青春发育期与异性共生的环境里，在来自社会的各种影响之下（异性交往的各种条件）等，自认为有许多缺憾，以至于认为自己不能像别人（如同学、电影中的人物）那样得到异性的认可，如认为自己个子矮、长得丑、身体有缺陷、有病等，造成极大精神压力。

（2）青年在生长发育过程中，对自身生理发育中出现的一些现象（如女孩子的月经周期）不理解，或者从小说、电影、暴力事件中知道女性被伤害后的严重而痛苦的后果。因此，在与异性交往中也不免带有各种恐怖情感等。

（3）在从儿童到少年再到青年的发育过程中，出于对异性的好奇心，曾偷听、偷看过两性交往的过程或者异性的隐私，或者在同异性交往中采取一种不负责任或轻率的态度。潜意识中产生了一种负罪感，觉得自己对不起朋友，对不起父母姐妹，因此恐惧、惊吓的梦经常伴随着自己等。

究其原因，一个不可否认事实是，大学生都已经到了恋爱的年龄。大学的集体生活，使他（她）们之间有了更多交往机会。中学时代，学校和家庭中存在的那种对男女交往的限制、干扰已经不复存在。在与异性交往中，更多的青年人逐步成熟或表现豁达。但是在同性同学中的攀比、竞争以及在与异性同学交往过程中的苦、辣、酸、甜的各种感受，或各种小说、电影、电视等传媒对性爱方面的描述，常常会使一些同学情绪反常。各种空虚、期盼、追求以及与此相伴的苦恼、畏惧等心理，无处去倾诉，导致种种压抑感，常常成为梦中发泄的内容。

（二）情感寄托型的、企图逃避造成焦虑环境的梦

这样的梦多数源于大学生对校园生活环境和学习环境等不能适应，或者思想准备不足。现在的大学生（有的是独生子女），平时父母呵护过多，有的也没有远离过家乡，一到大学出现了许多不适应。原来在中学时，家长、老师从早到晚关心照顾，学习（有些中学）是封闭式教学，与外界的联系有限。学习虽然紧张，但是有条不紊。一到大学，远离家乡，远离父母师长，一切似乎都与中学不同，没人在旁边监督，纪律变成了自律，自由度大幅度提高，从高考到入大学可以放松的想法普遍存在。但是大学的学习任务依然紧张，放松的想法只是一厢情愿而已，一旦放松，接踵而来的就是考试的压力。生活上要自理，心里有话没处说，同学来自四面八方，一时难以沟通，又值青春发育期，孤独感成为一种普遍现象。

但是，所有上述的心理状况，很少有大学生可以袒露于外，而时时表现得若无其事。其实内心深处渴望父母的呵护，希望得到朋友的理解、老师的关心，特别是想得到异性朋友在情感上的关怀等。

深藏于内心的这些想法往往在梦中得到满足。具体表现有下几个方面：

（1）梦见自己死了，别人大哭；或者别人（亲人）死了，自己大哭，情绪很沮丧。

（2）梦见自己回到了家乡，见到了老师、老同学，心情愉快，但是不久又感到必须返校，返校时不是找不到车站就是赶不上火车，很焦急。

（3）外出旅行，但是感觉很孤独。

（4）思念过去的人和事、过去的生活环境等。

一个大学生谈到入大学以来经常做的一个梦：“梦中忽然回到了家里，遇见亲戚朋友，老跟人们谈一些学校的事。随着梦发展，我总是会突然觉得要返校了，而且这种感觉很焦急，然后就急着买票、坐车，来不及和亲友告别，匆匆来到拥挤的火车站（往往是十分陌生的车站），又总是找不到正确的火车。即使找到也发现车厢异常拥挤，还常常坐错车，总是从焦急中醒来。”这个梦表明了梦者希望在学校可以像在家里一样表达自己的内心世界，也表明了对学校学习生活的一种厌烦的情绪。学校里紧张的学习生活在等待着你。但是，为了反抗这种紧张的、劳累的（又不得不回去学）的负担，宁可“坐错车”找不到正确的火车。这就是情感无以寄托而在梦中得到了满足的心理。

（三）与学习生活相关的梦

这种类型的梦往往表现为以下几个方面：

（1）惧怕考试的梦。梦中的情境不一定是怕考试，可能答题答得很好，梦中很满足，也可能是时间不够用，题总是答不完。

（2）力不从心。被某种事情困扰，欲罢不能。脚踩空，坠落惊醒，飞翔的期

盼与遇到障碍飞不过去的焦虑等。课业负担沉重型的梦是大学生描述自己做的梦时最多的一种。有的学生经常梦见自己和儿童时期的同伴、同学愉快地玩耍时的情景。但是每次梦结尾都是被要上课了、要返校了、怕迟到、怕赶不上开学、怕受到处分等的恐惧而惊醒。紧张的学习生活，频繁的考试常常会造成学生沉重的精神包袱，怕考试不及格（如四、六级英语考试期间）的压力和危机感导致一种不愉快的情绪状态。这种情绪状态在白天同学的正常活动中表现并不明显，但是在夜里却表现为心神不安、失眠或多梦。关于考试的梦，有些同学在描述这类梦时写道，“经常在考试中答不完题”“总觉得时间不够用”“想答题且不知道怎么做”，或者“梦中总是担心考试不及格”等。

弗洛伊德和现代梦的研究者们都有专门的篇幅谈论他们对这类梦的研究成果。弗洛伊德认为：“对儿童时期因过错而受到处罚的记忆根深蒂固地保留在我们的大脑中，这种记忆在我们作为学生时代两次关键性大考时的那段艰苦日子里再现了。考试的焦虑因幼稚的恐惧而加强。”他还认为，这类梦即使是在别的情况下也会出现，如：由于粗心做错事情，或者没尽到自己应尽的责任而为某种不愉快的结果担心受到惩罚时，或感到责任心的压迫时，或者梦者次日需要完成一项有责任并且有可能失败的任务时。这一点对于一个正在上大学的青年来说就更不足为奇了。

而现代梦的研究者们则提醒人们：如果遇到考试的梦，而且梦见时间不够或答不出来，那么就请你首先确认自己最近是否真的面临一场考试，并且你准备的如何？这是无意识的一种警告或提醒。然后再去从隐喻性方面分析你的内心对某些生活中的问题经历着“考验”，是否有达不到理想的恐惧感，或失败的可能。青年也经常做那些力不从心型的梦，繁重的学习或与此相伴的劳累工作，激烈的竞争往往也会使他们心力交瘁，疲惫不堪。

梦的工作是一种深层次的心理分析，人们越来越了解梦的分析的重要意义。对于青年来说，它是了解青年、认识青年的一个窗口。通过梦的分析，我们会更了解自己，会更健康成长，会更加符合社会的需求，成为一个身心俱佳的栋梁之材。

【任务实施】

请同学们回忆最近让你印象最深刻的梦，根据给出的辅助思考框架，完成一次梦的工作坊。

（一）活动内容

分享一个最近让你印象最深刻的梦。

（二）活动时间

40分钟。

（三）辅助思考框架

（1）在梦里发生了什么？

（2）你感到的情绪是什么？

（3）你对它的解读是什么？

（4）梦跟你的现实生活有什么联系？

（四）应对措施

（1）如果你对你的梦说一些话，你会说什么？

（2）如果梦能对你说话，你觉得它会对你说什么？

（3）如果你的梦可以改变，你希望做哪些改变？

项目小结

本项目教学主要从发现兴趣、增进幸福知识入手，进一步介绍了展示努力的方法。让学生能深刻理解实现和追求幸福的中国梦，认识幸福的人生是努力奋斗的人生。树立自己的人生理想，拥有更多的技能，感受努力奋斗带来的幸福感。加深大学生为祖国的伟大复兴事业献身、为幸福生活努力奋斗的时代重任的理解。培养认真专注于钻研某个事物或者技能的人才，通过积极的探索和不断地实践，激发自己的潜能，内化形成积极的性格特征，提升自己的能力。

项目二

匠心的建构

项目任务

任务1 生命和梦想

任务2 我的生涯规划

任务3 我的创造力

任务4 健康与创造

任务5 心理团辅：『我是我』

每个人的梦想都是特别的，梦想的实现，往往和知识能力的培养同步，也和自我价值、幸福的获得同向。我们每个人都很特别，但由于工业2.0时代追求的千篇一律和标准化，叠加一些传统观念的影响，我们的父辈们受到的教育是不要标新立异，要和别人一样，并且，我们从小受到父辈们的教育也依然一样。

如今进入工业4.0时代，流水线工作已经被人工智能替代，社会呼唤个性化和创造性。创新和个性化服务是核心竞争力，过往的教育往往让每个人都很善于隐藏自己的特别，但我们的特别没有因此消失，只是暂时不表现，包括我们特别的兴趣、特别的技能，这是我们重新释放个性和兴趣的好时机！

下面，我们将一起从自身出发，探索属于自己个人的梦想。

任务1　生命和梦想

【任务描述】

1．了解生命的内涵、特征及存在方式

2．思考生命的价值与意义

【任务目标】

1．认识个人生命的有限性、独特性、生成性和超越性

2．了解个人生命的存在方式及价值

3．建设和完善自己的生命意义

【知识链接】

生命和梦想

一、生命的内涵

自人类诞生以来，人类对于生命是什么，生命从何处来、到何处去，生命本质是什么等的追问就没有停止过。在原始社会，由于认识能力有限，人们对于自然界存在的风、雨、雷、电、地震、火灾等现象，充满了好奇和恐惧，认为一种超自然的力量是这个世界的主宰，其以人类无法认知的方式存在于天地间，主宰着世界上的一切事物，包括人类生命的产生和命运的发展。

（一）生命的哲学观

生命是什么，一直以来就是哲学思考和反思的主题。在历史上，哲学家们对于这一问题给出的答案不尽相同。哲学对生命的定义以生命哲学为分界，可以分成两个阶段。

在第一个阶段，哲学对生命的定义普遍受到生物学影响并不涉及物质基础，也不涉及具体的化学成分，而是主要从生命的机能和功能方面的特征进行定义，代表人物

包括亚里士多德、黑格尔、莫诺、迈尔、克里克等。例如，亚里士多德认为："生命这个词可以在多种意义上被述说，只要以下任何一个条件存在，我们就可以说某一事物有生命，如理智、感觉、位置上的运动和静止，或者摄取营养的运动以及生成与灭亡等。"因此，上述概念被后来的哲学家认为是前现代机能主义。

在第二个阶段，即19世纪末至20世纪初，生命哲学的研究才逐渐脱离生物学对生命观的思维影响。生命哲学认为："生命是世界的、绝对的、无限的本原，它跟物质和意识不同，是积极地、多样地、永恒地运动着的。生命不能借助于感觉或逻辑思维来认识，只能靠直觉或体验来把握。"正如狄尔泰所论述，生命是一种永恒的冲动，这种冲动不可遏制且转瞬即逝。他认为生命是具有创造性的能动力量，这种力量通过自我内省而体验得到，且为每个人所具有的。

我们的社会生活既是生命力量外化的结果，同时也是体现生命能动力量的工具，而自然界只是生命力量体现自身存在的工具。柏格森则认为，宇宙的本质是一种盲目的、非理性的、涌动不息的生命冲动。它如冲天的火箭、上升的火焰、喷薄的喷气，是一种不知疲惫的生命之流。总之，他认为生命就是运动活力，而物质犹如生命的逆转，使得生命堕落于物质，是生命冲动的余烬，而并非生命的本质。

（三）生命的心理学说

随着科学的发展，在生物学、物理学、哲学的探索之外，心理学、法学、医学也对生命作出了学科范围内的解释。心理学认为生命就是自我意识，就是反思自我的存在。这种自我意识的反思和确证从婴儿期开始，随着年龄的成长逐渐发展和壮大。法律上把生命看作动植物等有机体发挥自然功能、完成生理运动等的存在状态。医学上则认为生命是活着的状态，时间范围从有机体的出生或开端到死亡之间，能完成生命全部或部分功能等。

马克思指出："人使自己的生命活动本身变成自己意志的和自己意识的对象。它具有有意识的生命活动。这不是人与之直接融为一体的那种规定性。有意识的生命活动把人同动物的生命活动直接区别开来。"因此，可以这样理解人的生命：人的生命是在生物的本能生命基础上创造了属人的"自为生命"。这样的定义既肯定了生命的物质存在事实，同时又规定了生命的属人"自为存在"的本质特征。

二、生命的特征

（一）生命的有限性

人是一个自然的物质存在，必然是一个有限的存在物。在生命成长和发展过程中，出生和死亡是不可避免的过程。人的生命从诞生的那一刻起，就不可避免地走向死亡，这就是时间维度上生命的有限性。从人类与动物的肉体生命力的比较来看，它也是有限的。人类的奔跑速度和虎豹等动物无法媲美；跳跃能力和猕猴等动物无法比较；嗅觉方面和犬类不在一个档次；人的视力不及鹰类的1/7。而当疾病或灾难等原因使得肉体生命出现损伤或消亡时，生命的脆弱更是体现出生命的有限性。人的生存离不开阳光、空气、水，离不开土地、食物。这一切都是我们发挥人类创造性改造自然界的前提和限制条件。人的生存也离不开社会环境的限制，离不开他人所组成的社会。婴儿从出生就离不开父母的养育。同样，成人也离不开所处的社会关系。因为，只有在社会关系中，人才能生存。因此，离开一切他人和他物，我们也就丧失了活动空间。

周围世界束缚和限制着人的生存和发展。尽管生命的成长和发展会遇到诸多的限制，但是对于人类来讲，并不表示人类只能被动地适应，只能本能地存在于世界上。因为人类具有意识，具有反思的理性。人类一旦意识到生命的有限性，就会努力地思考自身，思考自身与世界的关系，思考如何超越周围包括肉体生命在内的一切“物”的存在方式对生命本身所造成的限制。从这个意义上看，生命的有限性及生命的意识对无限性的追求是促使生命走向无限可能的根本动力和原因。

生命通过思想来把握世界，通过思想来分享对世界的理解，通过分享使得生命不仅成为一种现实的存在，更成为一种历史的存在，也实现了对时空的超越，亦即在某种意义上实现了对有限的超越。

（二）生命的独特性

人是作为具体的、独特的个体而存在的，而不是作为抽象的一般“存在者”。物质世界存在的特性表现为具有因果关联性、可重复性和可逆性。但生命并非如此，生命是从无中生有中创造出来的，而不是像电影一样，经过事先的排练、设计，并经过摄像机录制后储存起来等待放映。任何生命的存在都是具体的，而且是独一无二的、不可替代的、平等的，而且值得尊重的。生命的独特性，不是把生命当成独立的原子式存在，而是要强调不能用任何现实规定、抽象的本质来禁锢生命个体，要肯定每个个体独特的存在和价值。每个生命的个体都是独特的存在，但却不是孤独而孤立的存在，而是彼此联系的共在。每个生命或者说权利的主体都按照自己的方式存在着，但是每个人存在和行为的边界就是他人合理权利的边界，这个边界就是规则。人们都认可的规则就是道德，人们都遵守道德，整体社会就有秩序。生命就是这样在个体的实在和集体的共在之间找到了平衡。

一个人的发展取决于和他直接或间接进行交往的其他一切人的发展，才能在与他人的交往过程中，发现和确证自身的存在，才能使得生命的发展具有无限空间。因此，生命的独特性特点，决定了只有在社会关系的实践中，才能赋予生命真实、丰富的本质。

（三）生命的生成性

人的生命是在持续变化、不断发展的过程中生成的。人的生命是生命个体意识对象中的生命，生命本身就是意识作用和改造的对象。人的生命就是在自我意识的设计和对象化中，不断地动态地生成和赋予自己本质，并在自我本质生成的过程中展示和实践自己的本质。可以说，生命无时无刻都在对象化的生成过程中，在不断生成的过程中存在着。生命的生成性不仅表现在生命的生长过程和状态上，还表现在生命具有无限发展的可能上。人的生命具有“未完成性”，表现在其存在状态是非专门化和开放性的。人必须独自地完善自己，必须确定自己是否置身于某些特殊的事情中，必须试图依靠自己的努力解决专属于自己的问题。这种行为不仅可以，而且必须有创造性。创造性绝不局限于少数人的少数活动，它作为一种必然性植根于人本身的存在结构中。人类总是在可能性向现实性的转化过程中创造自己的生活和人生。这种创造不是照章行事，而是生命积极主动探索和创造的结果，这是一个无中生有的“创生”过程。这种创生过程不仅是生命对客观世界的改造，更重要的是生命主动地探索和赋予生命意义的过程。生命意义不是自然或者以抽象的规定方式存在着，它是个体在选择生命存在和发展方式的过程中“生成”出来的。我们必须凭自己的自由意志去设计自己的人生。人生没有现成的模式和模范，每个人的角色必须自己去创造。正是这种开放性和未完成性，使得生命具有不断发展和变化的可能。

（四）生命发展的超越性

人作为生命的存在，不能脱离物质性这一有限性，但是人的精神性又要求超越物质的束缚，超越性是人之所以为人的特质所在。

1. 精神性对生物性的超越

超越生物性的精神性是人的本性，这是人与动物的根本区别。这里所说的超越不是脱离，因为精神的存在要以肉体的存在为前提，离开了肉体，单纯的精神就不存在了。因此，对于人来说，精神性对生物性的超越，不是精神性对生物性的简单否定，而是通过精神性的理性来对人的生物性本能进行调节和引导。也就是说，意识代替了他的本能，或者说他的本能是被意识到的本能，即把生物的本能置于意识的反思和支配下，从而实现精神性对生物性的超越。

2. 无限性对有限性的超越

人的生存和发展自然要受到现实性的限制，不能脱离其所处社会的发展水平，同样也不能脱离个体的身心发展阶段。但是，生命的发展就在于生命不断地超越现实，在有限对无限的不断追求中得以实现。人不仅生活在当下所处的自然、社会环境中，而且还生活在理性意识所构建的价值世界和美好追求中。人把自己生活的世界包括人类自身作为意识改造的对象，能动地改造环境、改造自我。人的生命是包括自然生命、社会生命和精神生命的有机整体，生命是有限的又是无限的，生命是物质的又是精神的，生命是现实性的又是超越性的。总之，生命是矛盾而又统一的存在，这要求我们在矛盾中把握统一，要在共性中把握区别，不可用抽象的本质来规定丰富多彩的生命存在，也不可忽视共性也是生命的基本存在方式。

三、生命的存在方式

生命的存在方式包括三个层次：自然生命、社会生命和精神生命。自然生命、社会生命和精神生命都有其生命的价值。

（一）自然生命

人首先是自然的生物性存在，和自然界的其他生物一样，在自然的环境下生存，保持生物体的生命存在是自然生命的第一需求。人的生命来自自然，生存和发展也离不开自然，但是人并不完全依赖于自然，自然也决定不了人的本质。人可以按照自己的需要和尺度对自然进行改造。

人与自然之间的关系是依赖与对抗的对立与统一，并在对抗和依赖间保持动态平衡。人类不能过度消费和索取自然，否则只能带来人类生存环境的恶化。维持自然生命的存在，是人其他能力发展的前提，是生命最基本的目的和价值追求。没有自然生命的存在，人的一切就失去了存在的载体和价值。在人类历史上，无论是东方文明还是西方文明都出现过这样的思想，即否定和贬低人的自然生命。

早在古希腊时期，苏格拉底和柏拉图作为当时著名的哲学家，就都持有对人的肉体生命的贬斥和否定的态度。他们认为，人的灵魂才是人的本质，肉体的存在对灵魂无益，是对灵魂的干扰和侵蚀，使得人的精神走向堕落，是恶的东西。在我国的传统文化思想中，同样可以看到鄙视肉体生命存在、片面推崇精神价值追求的思想。从儒家对个体存在的忽视，到墨家的苦行追求，到道家的无欲无为的思想，再到宋明理学提出的“存天理，灭人欲”，都可以看到对肉体生命压制的身影。虽然经过了近代的思想“启蒙”，人们开始关注自身的价值，逐渐回归对人性的重视和对肉体的需求和感受，但是，以往的思想惯性仍然存在。在一些人的思想中，这种思维常常以某种变化的方式表现出对个体的否定，值得引起重视。

（二）社会生命

正如马克思所指出的：“只有在社会中，自然界才是人自己的人的存在的基础，才是人的现实的生活要素。只有在社会中，人的自然的存在对他来说才是自己的人的存在。”因此，人的存在从本质上讲，又是一种社会性的存在。所谓社会性，是指诸多个体在时空中是一种关系性存在。人无法做到以单纯的个体形式存在。因为个体的有限性以及人类有意识的实践活动，决定了社会性存在是人类存在的必然形式；因为从时间和空间上看，个体都是非常有限的。这种有限性决定了个体在孤立的状态下无法有效面对自然的生存环境。人必须结成人类社会，才能克服个体的有限性；通过人类社会，生命才能超越时空的限制；借助人类的理性与文化存在，空间上的同代人以及时间上的不同代人才能实现结合，才能实现人类生命对受到时空所限的个体生命有限性的超越。因此，人类社会的存在是个体能够作为人而存在的基本条件和前提，包括人自身的再生产，也必然要通过个体之间的合作才能实现。马克思认为，人是社会性存在的，“社会关系实际上决定着一个人能够发展到什么程度。”马克思曾经指出，“一个人的发展取决于和他直接或间接进行交往的其他一切人的发展。” 但是，人与人之间的交往关系，不只是单纯形式上的交往存在，更重要的是和交往的内容即物质生活和精神生活有着非常密切的关联。由于物质生活和精神生活是有着规定性的现实存在，所以，个体间的交往不是任意发生的。在个体交往中，人们必须采取一定的社会关系规则或形式，个体间必须进行有效地协调。不仅如此，社会关系作为生存方式和沟通机制，还要能缓解人的物质生活需要同精神生活需要之间的矛盾，使得社会在现实生活与理想生活之间保持一个理想和适当的张力。

（三）精神生命

动物是依靠本能而存在的生命，其生命遗传的基因已经事先规定了动物发展的一切可能。无需自己操心应该成为什么，一切都会按自然的规定完成。人虽然也来源于自然，但却是一个具有理性的精神存在，能把自己的生存置于自己的意识之下，所以，具有超越自然生命的精神追求。个体要通过理性对人生进行规划，在实践和创造中实现自己的价值，并在价值实现中确证自己。所以说，对于超越自然生命的精神意义追求，是由“精神”的本质特性所决定的。从本质上讲，人的精神生命包括了自我体验、自我觉悟、自我生成。精神生命是具有积极的主观能动性，使得人相较动物而言是自由和自为的存在。因为有了精神生命，人才会有超越自然生命的更高的目的和意义追求。总之，人具有了精神生命，才能不断地突破有限，才具有寻找生命的永恒与不朽的冲动和能力。人类自从意识到自我的存在，就不会满足于本能对生命的支配，便会有以自然生命去创造生活价值和意义的冲动。人的本质因此说应该是一种具有意义性、价值性的存在，人类通过生命的超越和对生命的意义的追求，实现精神存在和物质存在的统一。

通过上述分析我们可以看到，自然生命、社会生命、精神生命是构成完整生命的三个基本维度。这三个维度是人对生命的一般规定，它们同时作用于人的生命，相互关联、相互影响，互相不能替代，是一个矛盾的统一体。每一维度的生命都对应着各自的生命价值。生命观教育的本质就是生命价值观教育。因此，生命观教育的内容也应该以此为线索展开：正确地看待生命的三重价值，把人的自然生命、社会生命、精神生命有机地融为一个整体；正确地认识和理解生命的价值，实现生命价值和意义的提升，完成生命教育的使命。

【任务实施】

请同学们根据要求完成生命教育体验活动，并进行展示与分享。

生命教育

（一）活动目的

（1）通过生命教育专题教学活动，使学生正确认识生命，懂得生命的可贵，珍惜生命。

（2）与学生一起探讨生命的意义，明确生命的价值。

（3）教会学生如何建设和完善自己的生命意义，实现生命的价值，让每一个生命变得有意义。

（二）活动步骤

（1）介绍生命体验活动、分组、提出要求。

（2）通过体验活动、分组调研、室内素拓、作品展示、朋辈分享等形式开展活动。

（3）成果展示及分享感受和体会。

（三）成果展示及分享

展示出活动过程中的照片、视频、音频、截图等，并与同学们一起分享。

任务2　我的生涯规划

【任务描述】

1．了解生涯规划的必要性

2．了解生涯规划的定义及相关理论基础

3．进行生涯规划的实践及相关测试

【任务目标】

1．了解霍兰德提出的六种职业兴趣类型

2．对自己的兴趣类型及职业方向进行初步判断

我的生涯规划

【知识链接】

生活是一条寻找之路，是一段寻找和完善自我的旅途。梵高一直知道自己生来便有个使命，却不知这使命是什么。当他开始绘画时，第一次找到了把内在能量释放出来的方式。梵高活了30年才发现了绘画是他的真爱，绘画让他可以更深刻地理解自己。

生活总有让自己不满意的地方。每个人的心中都积累了很多的不满，这些不满平时很难找到发泄的渠道。比如，你不会向别人抱怨你有多累，因为那只会被人嘲笑你软弱；你也不会向别人抱怨你没钱，因为自尊心有可能不允许你这么做；你也不会琐琐碎碎地抱怨每天的交通和生活。而当“我不喜欢”这四个字从你心中冒出来的时候，你突然找到了一个可以抱怨的理由。从心理学角度，人的怨气，并不一定会朝着真正让你产生怨气的方向发泄，而总是要找一个最容易的出口，这就是情绪表达的最小阻力原则。

在日常生活里，我们偶尔会遇到类似的抱怨：在学校的时候觉得自己不喜欢所学的专业，工作以后又觉得自己不喜欢现在的工作。那么，是不是人真的找到一个感兴趣的领域，就可以过上自己想要的生活了呢？

职业生涯规划旨在引导学生探索自我、探索职业，继而制定出一套符合学生自身特点的生涯规划目标和方案。学生是一个个独立的个体，正如世界上没有完全相同的两片叶子，更没有一模一样的两个人，先天因素的不同加上后天的学校环境、社会环境、家庭环境等因素的影响，使得每个学生都会有自己独特的生活体验和情感体验，个性也是千差万别。

【案例分析】

人真的能找到自己喜欢的专业吗?

M考上了大学之后，整天唉声叹气。原因是，他觉得目前自己所学的专业完全不是自己喜欢的。当时因为高考的分数不够，听爸妈的意见报了这个不喜欢的化学专业！在高中的时候，他参加过学校的美术社团，很喜欢画画，梦想是将来当一个画家。可是这一切，好像都被自己所学的这个专业给毁了。

实际上，喜不喜欢往往不能成为是否选择一个行业的标准。如果你选择了一项自己感兴趣的工作，可是却发现一切都和自己原先想象的不一样，自己做得不好，工作氛围和人际关系也不适应，那么你还会喜欢这份工作吗？相反，如果另一项工作你本来没感觉，后来却越做越顺手，从中获得了巨大的成就感，你会渐渐喜欢上这项工作的。

想把一项工作做好，不管你从事什么行业，都是要发现具体岗位的需求，从这个需求出发去寻找合适的资源，去解决问题，去做出合理的决策。这是很多工作的底层逻辑。如果你在工作的时候找到了一个行业的规律，会发现所有工作的底层逻辑都是相通的。

成功的条件并非仅凭兴趣就能达到。所以，不管我们从事什么行业，都应该先踏踏实实地工作，练好基本功，在反复的练习中发现事物的底层逻辑，这样才有可能最大程度地发挥自己的天赋和实力。给自己多一点儿时间，该来的一定会来，心存梦想，耐得住时间的考验，你向往的生活早晚都会实现。

努力和坚持不仅能展示你谦虚的心态，给你带来专业技能上的进步，还能让别人对你的信任成本降到最低。“信任成本”这个概念由《中国社会心态研究报告（2013年）》蓝皮书提出，指的是一个陌生人信任另一个陌生人心理上所付出的最小代价。在商业领域有很多利用信任成本达成交易的例子。比如老客户不需要询价，只需要打个电话，就可以以老价格买到上次购买的商品；再比如在社交媒体上推送产品，别人对你越信任，你的口碑越好，推送的转化率就越高。

在职场上，当你在某个领域已经坚持了很长时间，为之付出了大量的有效劳动后，别人就会知道你是靠谱的。这种情况下，即使你不出去社交，也自然会有人找到你，告诉你他们的需求，到那个时候，你本人就成为了“资源”。不妨把兴趣留给生命中的闲暇时刻，也许它们能帮你放松心情，调整状态，让你更好地投入到第二天的工作和生活中去。如果坚持在自己的兴趣领域输出劳动，说不定它还能带给你干副业的机会。

所以说，如果你还没有把兴趣练成一种可以输出的技能，就先别执着于要把自己感兴趣的事变成工作。踏踏实实把手上的工作做好，也许有一天你会通过这项工作实现自己的个人价值，进而发现这项工作的魅力。

一、生涯与职业生涯

“生涯”在古代被解释为道路、边际，后来随着社会的发展，又被解释为个人的发展道路和发展历程，是人一生中所经历的所有事件和角色的总和。生涯不同于职业，它比职业的定义更宽泛，更具有全面性、包容性、连续性。生涯也不同于生活，它比生活更具概括性，它包含了人在生活中和岗位上所扮演的所有角色及其发展变化。

职业生涯的概念则相对狭窄，是人的一生中所经历的职业角色和在职业中的人际交往关系，既包括人在职业当中所经历的应聘、录用、培训、升职等一系列活动，也包括在这一系列活动中人的内在反应，如成功、满足等一系列由职业经历所引起的内在反应。

二、职业生涯规划

职业生涯规划的定义最早是由诺斯威尔提出的，他指出：“职业生涯规划就是一个人在结合自身优势与不足后，为实现职业目标而确定行动方向、行动时间和行动方案的过程”。由此可见，职业生涯规划是指一个人对其一生中所有与职业相关的活动与任务的计划或预期性安排。

职业生涯规划是个人在自身成长历程中通过各种途径了解自我的能力、个性、兴趣、爱好等特质的前提下，通过直接或间接的方法掌握职业环境，分析职业特点，逐渐形成自己的职业目标，并根据目标制定一定的计划和行动，以达到人职匹配和个人价值的最大化。这是一个动态过程，需要不断调整与优化，并是个体与社会不断交会的过程，既具有个性化，又具有统一性。

三、职业生涯相关理论基础

（一）人职匹配理论

人职匹配是现代就业指导和高校职业生涯设计的基本原则和目标，包含两层含义：一是人的特质正好符合该岗位的要求；二是该岗位所要求的职业技能、职业素养等人能完全胜任。这是一个动态发展的过程，是人在不断发掘自身潜质，调整自己的职业目标，继而充实自身价值的过程，并不是一成不变的。

美国学者帕森斯提出的“特质—因素理论”是目前应用最广泛的理论，他在1908年创立自己的职业研究所并出版《职业与选择》，在该书中详细阐明该理论，该理论以差异心理学为研究基础。他认为人要首先承认人与人之间是有差异的，并且这些差异是可以通过科学的测评工具获得的，还要承认各种职业所需的职业素养也是不同的，对职业人的特质要求也是不同的。职业差异可以在分析职业环境和职业性质后获得，在分析差异后就要进行选择，以达到人与职业最大程度上的匹配。

帕森斯的这种理论主要将职业规划分成三个主要步骤：

（1）个人通过各种科学的测评工具对自身兴趣爱好、特长、性格等特质进行测量，对自身有一个科学客观的认识。

（2）了解各个职业的职业要素，包括专业技能要求、职业环境、培训及晋升、薪资待遇等。

（3）在对自身及职业都进行评估后，进行综合选择，将自身优势与职业所需结合，以发挥最大潜质，创造最大收益，达到人尽其才。

帕森斯的“特质—因素理论”对职业生涯规划做了较为详细的概括，是国内外学者研究的理论基础，但是这一理论却忽视了一个重要的因素，那就是职业生涯规划的动态发展性，人本身就是在不断发展变化的，并不是静止不变的，随着社会经济的发展变化，许多职业所需的职业要素也有所变化。

（二）人格类型理论

霍兰德在研究帕森斯的“特质—因素理论”的基础上，总结出了一套自己的理论——人格类型理论。他认为人选择一种职业就是其兴趣爱好的延伸，相同职业环境的人具有相似的人格类型。在此基础上，他将人分为六大人格类型：实际型、研究型、艺术型、社会型、企业型与传统型，相应的将六种人格类型所适应的职业也分为上述六大类型。特定人格类型的人对相应的职业也会表现出兴趣并能最大程度地发挥自身优势，职业环境与人格匹配也是增强职业成就感和职业稳定性的基础，这是一种相互作用。

（1）实际型。这种人格类型的人比较务实和遵守常规，不喜欢挑战和冒险，而且往往比较聪明能干，但不善交际，典型职业包括企业家、工人等。

（2）研究型。这种人格类型的人比较聪明、理性，善于分析问题，但缺乏领导能力，典型职业包括科学家、工程师、医生等。

（3）艺术型。这种人格类型的人比较浪漫，具有丰富的想象力和创造力，但比较情绪化、脱离实际，典型职业是艺术家、文学家等。

（4）社会型。这种人格类型的人比较善于交际，善解人意，善于与人打交道，典型职业包括政府人员、教师、服务行业人员等。

（5）企业型。这种人格类型的人比较喜欢冒险，非常自信，精力无限，但性格比较强势，不善合作，典型职业包括企业家、政府官员等。

（6）传统型。这种人格类型的人比较保守，做事比较谨慎，为人比较忠厚，典型职业包括企业秘书、会计等。

根据霍兰德的理论，我们可以看出，人不可能只有一种特质，而是具有多重特质，只是一种特质相对较强，其适应的职业类型也不只是一种，六种人格类型成环形排列，相对的职业兴趣也是如此，相邻之间也最相似，如图2-1所示。

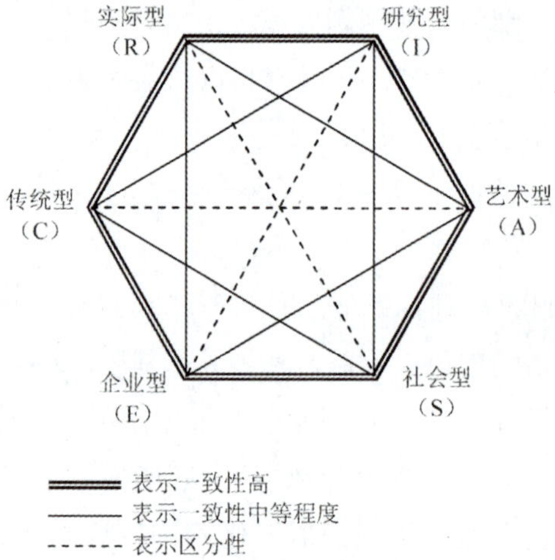

图2-1 霍兰德的人格类型理论

这个六边形模型是人格类型理论的核心，但也只是理论上的分类，在实际的生活中，人格类型和职业模式是比较复杂的，组合也会更多，运用时要做到具体问题具体分析。

四、生涯规划的实践

实践就是要从“学问性知识”向“体验性知识”、“内容性知识”向“方法性知识”、“单一学科知识”向“跨学科知识”转化。实践活动主要的类型及要点见表2-1。

表2-1 实践活动的类型及要点

实践类型	实践要点
情感体验	让学生对自己充满信心，对未来职业充满期待，而不是畏手畏脚，害怕失败，而是饱含热情去实现自己的生涯规划目标
情境体验	教师在根据内容来设定具体情境，学生能够将自己带入到角色中，亲历和感悟职业环境
合作体验	学生之间、师生之间相互交流与讨论，在互相学习中更加了解自我

五、职业兴趣人格测试

（一）职业兴趣探查

表2-2为职业兴趣探查表简版（IP-48-B），表中列出了各项职业活动，请根据自己的喜好评分（1为非常不喜欢，2为不喜欢，3为一般，4为喜欢，5为非常喜欢）。不必考虑是否从事过或擅长，只考虑喜欢程度即可。请在你选择的数字上打钩。

表2-2 职业兴趣探查

题项	评分				
1．组装电子零件	1	2	3	4	5
2．做有关动植物的实验	1	2	3	4	5
3．为演出绘制背景	1	2	3	4	5
4．对留校察看的青少年做工作	1	2	3	4	5
5．开一家美容美发店	1	2	3	4	5
6．保管存货清单	1	2	3	4	5
7．维修家用电器	1	2	3	4	5
8．研究行星的运动	1	2	3	4	5
9．在乐队中演唱	1	2	3	4	5
10．在托儿所照看小孩	1	2	3	4	5
11．经营一家服装店	1	2	3	4	5
12．确保部门的账户可以正常收入和支出	1	2	3	4	5
13．制作厨房的橱柜	1	2	3	4	5
14．用显微镜检验血液样本	1	2	3	4	5
15．演奏一种乐器	1	2	3	4	5
16．在小学教书	1	2	3	4	5
17．经营一家玩具店	1	2	3	4	5

续表

题项	评分				
18．计算雇员的工资	1	2	3	4	5
19．修理坏掉的水龙头	1	2	3	4	5
20．研究遗传学	1	2	3	4	5
21．指挥交响乐团	1	2	3	4	5
22．帮助智力障碍的儿童	1	2	3	4	5
23．向商店和美发沙龙出售护发产品	1	2	3	4	5
24．用电脑软件制作电子数据表格	1	2	3	4	5
25．在工厂生产线上操作机器	1	2	3	4	5
26．研究新疾病的传染性	1	2	3	4	5
27．为电影制作特效	1	2	3	4	5
28．教给残疾人工作和生活的技能	1	2	3	4	5
29．管理一个酒店	1	2	3	4	5
30．帮助高级会计师记账	1	2	3	4	5
31．修理和安装锁	1	2	3	4	5
32．研究人体构造	1	2	3	4	5
33．作曲或编曲	1	2	3	4	5
34．为残疾人组织郊游	1	2	3	4	5
35．管理一家零售店	1	2	3	4	5
36．用电脑在银行之间转账	1	2	3	4	5
37．安装和操作机器来生产产品	1	2	3	4	5
38．通过实验室实验来鉴定疾病	1	2	3	4	5
39．为杂志设计插图	1	2	3	4	5
40．帮助有家庭问题的人	1	2	3	4	5
41．在百货商场售货	1	2	3	4	5
42．将信息输入数据库	1	2	3	4	5
43．用砖头铺路	1	2	3	4	5
44．开发新药	1	2	3	4	5
45．绘制图画	1	2	3	4	5
46．为非营利性组织充当志愿者	1	2	3	4	5

续表

题项	评分				
47. 售楼	1	2	3	4	5
48. 为机构记录财务往来	1	2	3	4	5
49. 维修家用电器	1	2	3	4	5
50. 用显微镜检验血液样本	1	2	3	4	5

计分方法：前48题采用5点计分法（1分“很不喜欢”；2分“不喜欢”；3分“一般”；4分“喜欢”；5分“很喜欢”），最后两题不计分，但当第7题与第49题、第14题与第50题作答分数差别过大时，则整个问卷作答无效，反之则为有效作答。其中1～8题为现实型、第9～16题为研究型、第17～24题为艺术型、第25～32题为社会型、第 33～40 题为企业型、第41～48题为传统型。

结果解释：在分量表上的分数越高表示对该类型的职业喜好程度越高。

（二）职业兴趣测试

请仔细阅读下面的问题，对每一组的测试内容，你只需要回答“是”或“否”，然后把“是”的回答次数相加，统计出每组的总次数填入表2-3中。

第一组

（1）你喜欢自己动手修理收音机、自行车、缝纫机、钟表、开关类的器具吗？

（2）你对自己家里使用的电扇、电熨斗、缝纫机等器具的性质和性能了解吗？

（3）你喜欢动手做小模型吗？

（4）你喜欢做与数字、图表一类打交道的工作吗？

（5）你喜欢制作工艺品、装饰品和衣服吗？

第二组

（1）你喜欢在别人买东西时充当顾问吗？

（2）你热衷于参加集体活动吗？

（3）你喜欢接触不同类型的人吗？

（4）你喜欢拜访别人、与人讨论各种问题吗？

（5）你喜欢在会议上积极发言吗？

第三组

（1）你喜欢没有干扰地、有规则地从事日常工作吗？

（2）你喜欢对任何事情都预先做周密的安排吗？

（3）你善于查阅字典、词典和资料索引吗？

（4）你喜欢按固定的程序有条不紊地工作吗？

（5）你喜欢把事物分类和归档的工作吗？

第四组

（1）你喜欢倾听别人的难处并乐于帮助别人解决困难吗？

（2）你愿意为残疾人服务吗？

（3）在日常生活中，你愿意给人们提供帮助吗？

（4）你喜欢向别人传授知识和经验吗？

（5）你喜欢防病治病和照顾病人的工作吗？

第五组

（1）你喜欢主持班级集体活动吗？

（2）你喜欢接近领导和老师吗？

（3）你喜欢在人多时当众发表自己的观点和意见吗？

（4）如果老师不在时，你能主动维持班级学习和生活的正常秩序吗？

（5）你具有强烈的责任感和工作魄力吗？

第六组

（1）你特别爱读文学著作中对人内心世界的细致描写吗？

（2）你喜欢听人们谈论他们的活动和想法吗？

（3）你喜欢观察和研究人的心理和行为吗？

（4）你喜欢阅读有关领导人物、政治家、科学家等名人传记吗？

（5）你很想了解世界各国的政治和经济制度吗？

第七组

（1）你喜欢参观技术展览会或关注新技术吗？

（2）你喜欢阅读科技类杂志吗？

（3）你想了解生机勃勃的大自然的奥秘吗？

（4）你想了解使用科学精密仪器和电子仪器的工作吗？

（5）你喜欢复杂的绘图和设计工作吗？

第八组

（1）你想设计一种新的发型或服装吗？

（2）你喜欢创作画吗？

（3）你是否有尝试写些小说或编剧？

（4）你很想参加学校宣传队或演出小组吗？

（5）你爱用新方法、新途径来解决问题吗？

第九组

（1）你喜欢操作机器吗？

（2）你很羡慕机械类工程师的工作吗？

（3）你想了解机器的构造和工作性能吗？

（4）你喜欢交通驾驶一类的工作吗？

（5）你喜欢参观和研究新的机器设备吗？

第十组

（1）你喜欢从事具体的工作吗？

（2）你喜欢做很快就能看到产品的工作吗？

（3）你喜欢做让别人看到效果的工作吗？

（4）你喜欢做那种时间短，但可以做得很好的工作吗？

（5）你喜欢做有形的事情（如烧饭等）而不喜欢抽象的活动吗？

表2-3　职业兴趣测试结果

统计结果	
第一组（兴趣类型1）	
第二组（兴趣类型2）	
第三组（兴趣类型3）	
第四组（兴趣类型4）	
第五组（兴趣类型5）	
第六组（兴趣类型6）	
第七组（兴趣类型7）	
第八组（兴趣类型8）	
第九组（兴趣类型9）	
第十组（兴趣类型10）	

结果解释：

答“是”的总次数越多，相应的兴趣类型就越符合你的职业兴趣特点；总次数越少，相应的兴趣类型越不符合你的职业兴趣特点。对照下面各种兴趣类型所对应的职业，看看你的职业兴趣是什么。

（1）兴趣类型1——愿与事物打交道。

这类人喜欢同事物打交道，而不喜欢从事与人或动物打交道的工作。相应的职业有制图员、修理工、裁缝、建筑施工员、记账员、出纳员、会计等。

（2）兴趣类型2——愿与人接触。

这类人喜欢做与他人接触的工作，他们喜欢销售、采访、传递信息一类的活动。相应的职业有推销员、营业员、记者、服务员等。

（3）兴趣类型3——愿做有规律的工作。

这类人喜欢常规的、有规律的活动，在预先安排的条件下做细致的工作。相应的职业有图书管理员、办公室文员、档案管理员、打字员、统计员等。

（4）兴趣类型4——愿从事社会福利和助人的工作。

这类人乐意帮助别人，试图改善他人的状况，喜欢独自与人接触。相应的职业有医生、护士、律师等。

（5）兴趣类型5——愿做领导和组织工作。

这类人喜欢管理工作，喜欢掌握一些事情，他们在企事业单位中起着重要的作用。相应的职业有辅导员、行政人员、管理人员等。

（6）兴趣类型6——愿研究人的行为。

这类人喜欢谈论涉及人的主题，他们爱研究人的行为举止和心理动态。相应的职业有心理咨询师。

（7）兴趣类型7——愿从事科学技术事业。

这类人喜欢分析、推理、测试类的活动，擅长于理论分析，喜欢独立解决问题，也喜欢通过实验获得新发现。相应的职业有生物学家、化学家、工程师等。

（8）兴趣类型8——愿从事抽象性和创造性的工作。

这类人喜欢需要有想象力和创造力的工作，爱创造新的式样和概念。相应的职业有演员、画家、设计师等。

（9）兴趣类型9——愿做操纵机器的技术工作。

这类人喜欢运用一定的技术操纵各种机器，制造产品或完成其他任务。相应的职业有机床工、驾驶员等。

（10）兴趣类型10——愿从事具体的工作。

这类人喜欢制作看得见摸得着的产品，希望很快看到自己的劳动成果，他们从完成的产品中得到自我满足。相应的职业有厨师、理发师、园林工等。

【任务实施】

请同学们根据活动要求完成各部分的撰写。

兴趣岛

（一）活动目的

了解霍兰德提出的六种职业兴趣类型，对自己的兴趣类型进行初步判断。

（二）活动时间

20～30分钟。

（三）活动准备

将教室分为六个区域，分别代表六个岛屿。

（四）活动步骤

（1）请同学凭兴趣按一、二、三的顺序选择三个最想前往的岛屿。

我最想去的三个岛屿：________________________________

（2）按第一选择的岛屿在教室的相应区域就座，形成小组。

（3）同一小组的人交流为什么选择此岛屿，看看小组成员之间是否有共同的兴趣爱好，并归纳为关键词。

关键词有：____

____

____

（4）为小组命名，制作标志物及宣传图，派一名小组代表用2分钟展示，并与其他组分享自己小组的共同特点。

命名：____

（五）活动规则

恭喜你！你获得了一次免费度假游的机会，有机会去下列六个岛屿中的一个。唯一的要求是你必须要在这个岛上至少呆满半年的时间。请不要考虑其他因素，仅凭自己的兴趣按一、二、三的顺序挑出你最想前往的3个岛屿。

（1）A岛：美丽浪漫的岛屿。岛上有了美术馆、音乐厅、街头雕塑和街边艺人，弥漫着浓厚的艺术文化气息，居民保留了传统的舞蹈、音乐和绘画，许多文艺界的朋友都喜欢来这里找寻灵感。

（2）R岛：自然原始的岛屿。岛上自然生态保持得很好，有各种野生动物，居民以手工见长，自己种植花果蔬菜、修建房屋、打造器物、制作工具，喜欢户外运动。

（3）I岛：深思冥想的岛屿。岛上有多处天文台、科技馆级图书馆。居民喜好观察、学习，崇尚和追求真知。常有机会和来自各地的哲学家、科学家和心理学家等交换心得。

（4）E岛：显赫富庶的岛屿。居民善于企业经营和贸易，能言善道，经济高度发展，处处是高级饭店、俱乐部、高尔夫球场，来往者多是企业家、经理人、政治家、律师等。

（5）C岛：现代、井然的岛屿。岛上建筑十分现代化，是进步的都市形态，以完善的户政管理、地政管理、金融管理见长。居民个性冷静保守，处事有条不紊，善于组织规划，细心高效。

（6）S岛：友善亲切的岛屿。居民个性温柔、友善、乐于助人，社区均自成一个密切互动的服务网络，人们重视互相合作，重视教育，关怀他人，充满人文气息。

这六个岛屿实际代表着霍兰德提出的六种职业兴趣类型，通过此活动会对这些职业类型有所了解，对自己的兴趣类型有了初步的判断。

任务3　我的创造力

【任务描述】

1．学习思维的分类及特点

2．学习创新创造的方法

3．进行创造性思维测验与训练

【任务目标】

1．了解不同的思维类型及训练要点

2．掌握个人与集体有效思考的办法

3．认识自己思维的习惯并能突破自己

【知识链接】

我的创造力

一、思维的分类

按思维的方向特点，可将思维分为发散思维与聚合思维。其中，发散思维在创造过程中的作用在于打破思维定式，提供多个思维方向或视角，发现和提出问题，产生多种多样的可能结果，提升人的创造性思维品质。所以，发散思维能力是创造性思维能力的重要表征。创造性思维能力强的人，面对问题时能较好地表现出流畅性、变通性、独创性和精致性的思维特点。在以往的创造理论研究中，人们把更多的注意力放到了发散思维上。殊不知，创新就是解决难题，创新能力就是解决难题的能力。在这个意义上，凡是能够用来解决难题的思维形式，都属于创造性思维，聚合思维也是如此。

（一）发散思维

发散思维的概念最早由美国心理学家吉尔福特提出。它是从已有的信息出发，沿着不同方向思考，重新组织记忆中的知识，产生多样性答案的思维形式。发散思维又称求异思维，与聚合思维相对。

1．发散思维的特点

发散思维具有流畅性、变通性（灵活性）、独创性（新颖性）和精致性（精确性）的特点。

（1）流畅性是指面对问题能够迅速、连续、尽可能多地产生新的想法。其操作测评指标是单位时间内所产生想法的数量。

（2）变通性是指能从多种角度思考问题。其操作测评指标是单位时间内所产生想法的不同种类数。比如：水有什么用？甲答：供人和动物喝、浇花、浇菜、养鱼、养虾。乙答：保障生命所需、洗衣服、电解制取氢气和氧气、制作冰块、发电、美化环境。二者的流畅性相同，但甲说来说去只说了水的一种用途——生命所需的物质；乙则说了水的6种不同种类的用途。如果定义每种用途得1分的话，则前者的变通性得分仅为1分，而后者的变通性得分则为6分。

（3）独创性是指能够产生新颖、独特、与众不同的想法。其操作测评指标是统计上的“低频反应”，一般为5%。亦即一种答案在所有回答中出现的比率不高于5%。比如上述甲和乙的答案都是一般人所能够想到的，在独创性上得分为0。如果有人回答“可以装在透明的气球里当作凸透镜，引燃火种”，这个答案在100个人或100次回答中只出现了不到5次，则满足低频反应的指标，可以记1分。

（4）精致性是指能够产生细致的、方便操作检验的想法。如“水有什么用？”甲答：美化环境；乙答：制作冰雕。甲的回答过于笼统，不具有可操作性。乙的回答则具有较好的可操作性。但精确性的操作测评指标在客观性方面不如前三个指标容易把握，因此在发散思维测评中较少使用。

2. 发散思维的训练要点

根据发散思维的特点，可以给出发散思维的训练要点：

（1）面对问题，尽可能快、尽可能多地给出各种解决问题的想法。

（2）不要局限在某一类的想法上，要尽量给出不同种类的想法。

（3）设法给出不同寻常的想法，而不要满足于给出一般人都能想到的想法。

（4）尽可能精确、细致地描述新的想法，特别是给出可能解决问题的方案，而不要泛泛地停留在表面上，避免无法进行操作检验。

（二）聚合思维

聚合思维又称为辐合思维、收敛思维，它是从已有的信息出发，根据熟悉的知识和经验，按逻辑规则来获得问题最佳答案的思维形式。聚合思维是与发散思维相对应的一个范畴，通常被当作“解决问题”的思维方式。

1. 聚合思维的特点

（1）思维空间的闭合性。聚合思维是在现有条件下解决问题，思维空间不像发散思维那样开放无边，而是闭合的，通常不超出现有条件的范围。这也是聚合思维空间的边界性。

（2）思维结果的收敛性。发散思维的方向是由问题向外辐射，问题是一个思维的出发点或辐射中心；聚合思维的方向是由各种已知条件指向问题本身，问题是各种思维的聚焦点。聚合思维的结果是收敛到思维空间的某一点，指向一个固定的目标即给出解决问题的答案。当答案有多个时，它会比较答案并按一定的约束条件进一步收敛到最优答案。这是聚合思维的本质特征。

（3）思维根据的充分性。聚合思维要求充分利用已有知识、经验和条件，赋予答案以逻辑根据上的充分性。这也是聚合思维结果得以立足的根据。

（4）解决问题的效用性。聚合思维的功用首先是"解决问题"而非"提出问题"。能有效解决问题的思维结果才是所需要的结果。这也是聚合思维存在的最终价值。

【趣味测试】

请写出与"皮"字有关的字。

_____ _____ _____ _____ _____

_____ _____ _____ _____ _____

_____ _____ _____ _____ _____

_____ _____ _____ _____ _____

_____ _____ _____ _____ _____

二、创造的方法

我们在进行创新时，常常自行出现一些思维枷锁，比如"为什么要改？以前运行得不错""我们没有时间，我们还没准备好做这样的事情""我们会变成别人的笑柄""领导绝对不会赞成的""我们从来没有这么做过"……但是，只要你掌握了一定的方法，勇敢迈步向前，就成功了一半。

面对难题，我们应该如何进行有效的思考？下面简要介绍创新创造的方法。创造方法是一个开放的集合，这里只介绍其中的7个方法。

（一）头脑风暴法

1. 含义

头脑风暴是美国广告公司经理奥思本于1939年提出的一种运用集体思想碰撞来促进个人自由思考的群体智力激励方法，即在集体情景下开展无限制的自由联想和讨论，由此源源不断地产生新的思想与创意。头脑风暴具体来讲大致包含确定议题、会前准备、确定人选、明确分工、规定纪律、掌握时间等步骤。参与成员遵循头脑风暴的四个基本原则：天马行空、杜绝评论、注重数量、创意组合。在主持人调节、记录员记录的情况下完成对相关话题的讨论，生成大量创意的方法。自头脑风暴开创以来，已成为人们使用最多的创意激发方法之一，国内外公司、机构均有大量使用。

采用头脑风暴小组比不采用头脑风暴小组，能在创意的数量及质量上取得更令人满意的结果。即使在组织环境里参与者之间相互熟悉，当在同等条件下进行相关问题的讨论时，在头脑风暴过程中产生的创意数量依然比没有采用头脑风暴的小组多。当实验人数较少时，头脑风暴小组产生的创意数量并没有显著高于非头脑风暴小组；而当人数较多时，头脑风暴小组产生的创意数量就明显高于非头脑风暴小组。

头脑风暴时间较长则会导致头脑风暴小组低效率，时间较短也会导致成员想到好的创意的灵活性降低。在没有绝对权威在场的情况下，头脑风暴产生的创意数量多，而当权威或者专家人数越多，则头脑风暴的效率越低。在进行话题拆分以及时间拆分的情况下，头脑风暴产生的创意最多，原因可能是任务与时间的拆分使得成员能够在话题的各个方面进行联想与想象。参与头脑风暴的成员会因时间的长短的感知对头脑风暴的效果产生影响，时间过短不能激发出足够的创意，而过长也会使得成员疲于应付，效果不尽如人意。对任务设定可行的具体目标会激励成员为完成任务而积极思考，增加总的创意产出和小组成果。

2. 影响因素

影响头脑风暴法创意激发的四个因素：成员注意力、成员相关性、成员自信心、成员满足感

（1）成员注意力。吸引成员注意力的实验处理方式。首先是通过图片、文字与动画演示等方式方法吸引参与人员的注意；其次是采用广告营销的手法，多样化、趣味化的表现头脑风暴讨论的话题，并根据不同成员的自身性格特征运用特定的举措吸引其注意力。在讨论过程中，也持续演示话题相关的音视频素材，以保证成员对讨论话题长时间的兴趣与关注。

（2）成员相关性。建立成员相关性的实验处理方式，主要有两种方式：第一，可以设置多样性的奖励措施，奖励参加头脑风暴讨论的成员；第二，可以将参与讨论成员自身实际生活工作中所遭遇的难以解决的问题抽取出来作为讨论话题，通过共同讨论解决，以使成员的自身效用得到满足。关于成员过程相关性方面，可以找出讨论话题与成员自身经验背景之间相关的地方，从而让成员能够运用自我知识库加入讨论解决问题，以此激励其参与。

（3）成员自信心。满足成员自信心的实验处理方式。成员在讨论中途可能会因为自信不够而退出讨论，也可能会过于自负而不重视讨论。为避免上述两种情形的出现，可采取三种方式控制成员的自信心。一是话题分解，把庞大的话题拆解为若干大小适中的子话题，将子话题逐个拿来讨论。二是明确要求，在头脑风暴讨论开始前将讨论要求、评判标准等详尽告知成员，并帮助其建立期望。三是避免权威影响，讨论中若有该领域的权威人士在场，将会对成员的心理产生影响，所以在成员选择时要控制成员之间的水平差异，避免权威的出现。

（4）成员满足感。成员满足感的提升处理方式主要有以下两种。一是氛围的营造，为参与成员营造一个气氛和谐、友好融洽的讨论氛围，并且要让话题内容始终围绕讨论主题。二是在讨论时对各成员的表现进行考核，并在讨论结束后根据其表现给予一定奖励。讨论结果若能被实际应用，使成员认识到自身贡献的价值，成员满足感也就能显著提升。

3. 步骤

头脑风暴的创意激发不是对单个成员的创意激发，而是对创意小组的群体创意激发，头脑风暴所依赖的是群体智慧的汇集、碰撞。头脑风暴的创意激发，主要包括创意激发的组织、开展、激励及结果评估等四个方面。头脑风暴的创建步骤主要分为以下4部分。

（1）团队建设。应选取对讨论话题较为熟悉、相互之间较为熟悉的成员，这样的选择一方面不用对话题进行辅导与介绍，可以促进创意激发的环节，使得创意激发开展的更加顺畅。成员对话题熟悉也使得更多、更有价值的创意在讨论的过程中产生，成员间也更容易吸收、理解，得到了创意激发的训练；另一方面，成员间相互熟悉也会让讨论的氛围更为轻松、愉快，而这也会使得各成员间的创意激发更为高效。

多成员的配合大于单独个体思考，但绝非个体越多创意团队的表现越好，团队人数应保持在一定规模，团队人数过少使得成员在创意产生环节没有足够的思维火花碰撞，也就不能产生足够的创意；团队人数过多又会使社会化惰性加重，从而不能产生足够多的创意。线下头脑风暴的参与人数在7～9人时可以获得最佳效果，线上头脑风暴的参与人数在15～20人时可以获得最佳效果。

创意激发要求在对讨论的时间、地点要有事先的计划安排，要保证计划的顺利实施，防止因协调安排等因素造成对创意激发效果的影响。可结合话题类型通过科技、科幻、艺术、动漫等情景营造轻松、和谐、愉快、自由的氛围，或通过避免专业人士参与或者减少话题控制者过分占据发言时间等方法降低评价焦虑，使得更多的成员创意得以激发，最大程度地释放成员的创意潜能。

（2）流程设计。在结合线下、线上头脑风暴的各自优势的基础上设计创意激发模式，根据所讨论话题以及讨论情况决定线下、线上头脑风暴的使用顺序。一般而言，考虑到线下、线上头脑风暴所需的参与人数不同，应以线上头脑风暴的开展为先，据其讨论结果与讨论情况，邀请其中表现活跃或者最感兴趣的成员（7～9人）参与线下头脑风暴，线上下头脑风暴的讨论结果上传至线上讨论群后，据讨论程度继续开展线下或者线上头脑风暴。线下头脑风暴中应注意的三大关键因素：团队人数、绩效竞赛和时间控制，以保证线下头脑风暴的效果最佳；线上头脑风暴应注意控制注意力、相关性、自信心和满足感等因素的控制，以达到线上头脑风暴的最佳使用效果。

（3）激励与满足。激励是建立成员与目标或过程之间的相关性的重要手段。通过激励建立的相关性主要体现在两个方面，一是线下、线上头脑风暴的使用前、使用中、使用后通过各种物质奖励，建立讨论结果与讨论过程与其自身的相关性，激励成员进行讨论；二是通过话题的选取与介绍、创意激发方法的实施与教育，从而建立激励暗示，使各成员认识到参与话题讨论能够丰富自身知识，学习创意激发技巧能够帮助自己解决自身问题。

如何在每一次的头脑风暴的过程中让参与者获得满足感和成就感，是保证创意激发顺利实施的重要保证。成员获得满足感与成就感主要来源于三个方面，一是保证参与者在讨论过程中具有足够的或平等的发言机会，能够让每一位成员都可以将想法、创意详细地进行介绍、解释，在这过程中获得应有的尊重与重视，从而获得满足感；二是在建立话题与其自身的相关性的基础上，通过自己对讨论的贡献，推动讨论的深入或解决方案的制定，获得解决难题的成就感；三是讨论结果实施与成果的展示，对于任何形式的讨论，讨论结果的实际实施方案，尤其是实施结果的有用性证明，对于讨论的参与者来说都会获得成就感。通过这三种方式让参与者获得成就感或满足感，能够促进创意激发的顺利实施。

（4）评价与反馈。在创意激发模式的设计中，需对创意激发的评价模式进行重新设计，既要对创意的数量进行客观统计、评价，也要对创意的质量进行评价。创意激发从其本质上来讲是对成员的思维进行激发，进而产生创意，故创意层面的结果评价是最为直接的激发结果，然而创意激发的对象——参与者，作为创意激发的客体，所接受的激发训练对其自身也会有所影响。因此，对创意激发效果的评价除了考虑创意层面的指标外，还要把参与者本身的感知方面进行评价，具体包括参与者对创意激发模式的感知与参与者对创意激发结果的感知两方面进行评价，以得到创意激发在参与者层面的效果。

4. 注意要点

（1）禁止批评和评论，也不要自谦。对别人提出的任何想法都不能批判和阻拦。即使是自己认为幼稚的、错误的甚至是荒诞离奇的设想，亦不得予以驳斥。同时也不允许自我批判，在心理上调动每一位与会者的积极性，防止出现一些扼杀性语句和自我扼杀语句。诸如“这根本行不通”“你这想法太陈旧了”“这是不可能的”“这不符合某某定律”“我提一个不成熟的看法”“我有一个不一定行得通的想法”等语句，禁止出现。只有这样，与会者才可能在充分放松的心境下，在别人设想的激励下，集中全部精力开拓自己的思路。

（2）目标集中。追求设想数量，只要求大家提设想，越多越好。会议以谋取设想的数量为目标。

（3）鼓励巧妙地利用和改善他人的设想。这是激励的关键所在。每个与会者都要从他人的设想中激励自己，从中得到启示，或补充他人的设想，或将他人的若干设想综合起来提出新的设想。

（4）与会人员一律平等。与会人员一律平等，各种设想，不论大小，甚至是最荒诞的设想，记录人员也要认真地将其完整地记录下来。

（5）主张独立思考。不允许私下交谈，以免干扰别人思维。

（6）提倡自由发言。会议提倡自由奔放、随便思考、任意想象、尽量发挥，主意越新、越怪越好，因为它能启发他人推导出好的观念。

（7）不强调个人的成绩。应以小组的整体利益为重，注意和理解别人的贡献，创造民主环境，不以多数人的意见阻碍个人新的观点的产生，激发个人追求更多更好的主意。

（二）默写式智力激励法（635法）

针对不习惯于当面发表不同意见的文化背景，降低发言者心理压力，有人改进了智力激励法“变说为写”。默写式智力激励法的要求是：6人一组围坐成一圈，每人一张白纸，要求围绕一个主题或问题，每人每次写出3条不同的想法，时间约为5分钟。写好后，按逆时针方向，向右传给自己旁边的伙伴，看看别人写了什么，你再写三条与其不一样的意见。注意：规则要求必须是不一样的意见，同样的意见不必写。这样总共传5次。理论上半小时左右可以得到108条不同的想法，后期再整理，看看能否解决问题。

（三）逆头脑风暴法（缺点列举法）

头脑风暴法的核心规则是不许评论，特别是不许批评。逆头脑风暴法就是反其道而行之，只批评，俗称“挑毛病”，该方法又称缺点列举法。这种方法很简单，也很有效。所谓创新，就是把事情做得更好。把没有做好的地方改好了、做好了，事情也就做好了。那么问题的原因是什么、谁负责、怎么改、什么时候改好、改到什么样才算好、谁去检查验收、改好了怎么办、改不好怎么办，把这些逐一落实。对于暂时还没有发现但可能会出现的问题，怎样采取防范措施，还可以人为设想制造问题，并想出应对的方法。这实际上也是运用了专门找问题的逆头脑风暴法。

（四）反向思维法

反向思维法，顾名思义就是把问题反过来想一下，正所谓“众里寻他千百度，蓦然回首，那人却在灯火阑珊处”。该方法在创造性解决问题过程中的作用却不可小觑。在此仅举一个例子。古代有这么一个故事，一位母亲有两个儿子，大儿子开染布作坊，小儿子做雨伞生意。每天这位母亲都愁眉苦脸，下雨了怕大儿子染的布没法晒干；天晴了又怕小儿子做的伞没有人买。一位邻居开导她，叫她反过来想：雨天，小儿子的伞生意做得红火；晴天，大儿子染的布很快就能晒干。这种想法使得老母亲眉开眼笑，活力再现。就这样，一个原本是两难的问题通过反向思维解决了。

（五）缺点利用法

缺点利用法是反向思维法的一种特殊情形。对于缺点，正常的思路是“克服”，而反向思维则是“利用”“发扬光大”。便利贴的发明即为一例。研究人员本来想开发一种黏性很强的黏合剂，但不知哪个环节出了问题，得到的是一种黏性很弱的胶黏剂。1974年，3M公司的工程师斯潘塞·西尔弗（Spencer Silver）参加礼拜时想到："如果有一种胶，有点黏又不会太黏，可以贴在纸条上，又可以重复撕贴，而不会破坏那张纸，那就太完美了！"于是，便利贴便诞生了。刚开始便利贴的销售并不成功，后来营销人员把它寄给了大企业的秘书们使用，结果一举成功。确切地说，有时所谓的缺点和优点，只不过是事物的一种特点。对人有利的时候被看作是优点，反之则被视作缺点。在创新过程中，牢记这一点是必要的：不要用僵化、固定的观点去看待可能有多样化特点的、变化着的事物。

（六）移植法

把一个领域里的方法用于解决另外一个领域里的问题，称为移植法。所谓"他山之石可以攻玉"，就是移植法的作用所在。英国著名的卡文迪许实验室一直以研究原子核物理见长，20世纪30年代，生物学家W.L.布喇格（William Lawrence Bragg）出任实验室主任，当时实验室有两位"怪人"，一位是赖尔，他想用雷达原理研究遥远的天体，另一位是佩鲁茨，他想用X射线观察血红蛋白。这两种想法一个是想把二战时期成熟起来的无线电（雷达）探测技术原理用于研究天文学，一个是用于生物学。当时许多核物理学家对此难以理解，甚至嘲笑他们在核物理专业研究室搞这些研究纯属"疯子"。前一研究开辟了射电天文学，后一研究催生了分子生物学，极大地推动了20世纪人类科学认识的发展。在这两个新学科方向上也出现了好几位诺贝尔奖获得者。

（七）组合法

把两个以上的事物组合起来解决问题，就是组合法。只要能够导致创新或解决问题，任何事物都可以用来组合。组合法在技术发明中多有应用。常见的组合包括功能组合、特性组合、技术组合等。圆珠笔携带方便，但字迹时间长了会淡化，不能用于签署重要文件；传统钢笔字迹牢靠但灌墨水又不方便。于是，集圆珠笔方便性和钢笔字迹可靠性于一身的墨水宝珠笔诞生了。这种宝珠笔就是圆珠笔与钢笔的功能组合。生物特性组合则为基因工程提供了丰富的思路，这是特性组合的情形。计算机断层扫描与成像（Computed Tomography，CT）技术则是计算机技术与X光机技术的组合。CT的理论奠基者阿兰·麦克莱德·科马克（Allan M. Cormack）和CT机的设计者豪斯菲尔德（Godfrey N. Hounsfield）因此共同获得了1979年的诺贝尔医学或生理学奖。

三、创造性思维测验

托兰斯创造思维测验（Torrance Test of Creative Thinking，TTCT）编制于

1966年，是目前影响最大、应用最广的创造力测验，适用对象从幼儿园儿童到研究生。TTCT由三套测验构成，分别是言语创造思维测验、图画创造思维测验、声音和词的创造思维测验。每套测验都有两个复本，方便进行初测和复测。下面是每套测验的内容和要求。

（一）言语测验

言语测验由7个分测验构成，前3个分测验都是从一张图画（图2-2）衍生而来。

图2-2　言语测验

7个分测验分别是：

（1）提问题。要求根据图画内容提出所想到的一切问题。

（2）猜原因。列出图画中事件的可能原因。

（3）猜后果。列出图画中事件的各种可能后果。

（4）产品改造。对一个叙事列出所有可能的改造方法。

（5）非常用途测验。给出一个事物的各种不寻常的用途。

（6）非常问题。对同一物体提出尽可能多的不同寻常的问题。

（7）假想。推断一种不可能发生的事件将出现的各种可能后果。

（二）图画测验

图画测验由3个分测验构成，都是呈现未完成的或抽象的图案，要求完成它们，使其具有一定的意义。

这3个分测验分别是：

（1）图画构造。呈现一个蛋形彩图（如图2-3所示），以此为基础去构造富有想象的图画。

（2）未完成的图画。根据要求的简单线条勾出抽象图形，并对其命名。

图2-3

简单线条：叉线、波浪线、竖线等

命名：____________

（3）圆圈或平行线测验。共包括30个圆圈或30对平行线，据此尽可能多地画出互不相同的图画。

30个圆圈图

30对平行线图

（三）声音和词的测验

在这个测验中，全部指导语和刺激都用录音磁带的形式呈现。该测验由“声音与表象”“拟声与表象”两个测验组成。在声音与表象测验中，主试者给被试者呈现四种抽象的声音，要求被试者每听完一种声音，就把自己由声音联想到的心理表象草草地记下来。一组声音呈现三次，测验评估被试者的独创性，评分指导则与前面介绍的两套测验相似。拟声与表象测验又由“音响想象”和“象声词想象”两个分测验构成。这两个分测验都有A、B两种平行测验，并分别为成人和儿童配有不同的指导语。除了平行测验略有不足外，整套测验的信度非常理想，但缺乏充分的效度资料。

（1）音响想象。采用4个被试者熟悉和不熟悉的音响系列，各呈现三次，让被试者分别写出所联想到的物体或活动。

2．象声词想象。用10个模仿自然声响的象声词各呈现三次，也让被试者分别写出所联想到的事物。

在上述三套测验中，言语测验从流畅性、变通性、独创性和精致性（图形测验中的）来评分。声音和词的测验只记独特性得分。托兰斯创造性思维的测验手册中提供了详细的计分细则。流畅性分数是被试者完成的想法或图画的数量。变通性分数则是被试想法的类别数量。例如图形测验，A用圆圈画了15幅动物的图画，B也画了15幅图画，但是包括了动物、汽车、仪器、玩具和星球。这两个被试者的流畅性得分可能都是15，但A的变通性得分会比B低得多。独创性分数由频数统计所决定。如果被试者的想法或观点在常模记录中很少有过，就可以认为这种想法具有独创性。

【任务实施】

请同学们根据要求完成相应的训练。

一、时间管理练习

（一）成员选择

组织者：2人；主持人：1人；记录员：1人；成员：18人。

（二）实施步骤

线上布置—线上头脑风暴（15分钟）—产生原始创意—线下头脑风暴（60分钟）—合并线上线下创意——创意整理和评估（15分钟）。

（三）效果评估

（1）创意的数量和创意的质量。

1）创意的数量：通过三次头脑风暴的讨论，经项目组整理，共得到创意有效数量为_____条。

2）创意的质量：在对得到的创意做分类归纳后，得到最终一致同意的指导大学生做好自我时间管理的方案，该方案包括：________________________________

____

____

____

____

（2）成员感知层面包括成员对讨论结果的满意度和成员对基于头脑风暴的创意激发模式的满意度，成员对讨论结果的满意度的量化方式为：采取李克特量表（见表2-4）形式，该表采取5分制，得分越高满意度越高。

表2-4　李克特量表

序号	成员	满意度评分					有效性评价	备注
		1	2	3	4	5		
1								
2								
3								
4								
5								
6								
7								
8								
9								
10								
11								
12								
13								
14								
15								
16								
17								
18								

成员对讨论结果的满意度：______分。

成员对此创意激发模式的有效性评价：______分。

二、创造性思维训练

（一）活动规则

以教室里随意抬头可见的日光灯管为条件，要求学生们在灯管和椅子之间进行强制联想，以灯管为起点、椅子为终点进行联想，中间可插入自由联想。展示你能想到的“新椅子”的思路。

（二）成果展示

灯管——____________________________椅子

灯管——____________________________椅子

灯管——____________________________椅子

灯管——____________________________椅子

灯管——____________________________椅子

灯管——____________________________椅子

灯管——____________________________椅子

灯管——____________________________椅子

（三）成果参考

见附录。

三、突破思维定式训练

（一）海豚是最聪明的动物吗

我们一致认为，海豚是世界上最聪明的动物之一。如今，一些研究人员发现事实并非如此。生物学家贾斯汀·格雷格（Justin Gregg）和神经行为学家保罗·曼格（Paul Manger）通过多年的研究认为海豚并不是一种聪明的动物，有时候甚至还不如小金鱼。查阅相关资料，然后思考对于这一问题你是相信以前的经验，还是认可研究人员的结论，为什么？

写出你的思考：____

____

____

____

（二）利用逻辑错误

有意地制造逻辑错误也是制作幽默的手法之一。阅读表2-5中的几个案例，指出它是如何利用逻辑错误创作幽默的。

表2-5　逻辑错误案例

序号	案例内容
1	顾客：“服务员，这啤酒杯上趴着一只苍蝇，给我换一杯。” 服务员：“真小气！它能喝多少。”
2	顾客：“你看，我的茶杯里漂着一只死苍蝇，这是怎么搞的？” 服务员：“茶是用开水泡的，它当然要被烫死了！”
3	旅游者：“我能赶上3点钟去桂林的火车吗？” 售票员：“那就看你跑得多快了。它是在10分钟前离开本站的。”

四、头脑风暴训练

（一）训练过程

（1）确定要思考的主题。

（2）选择经验丰富的人作为主持人，负责介绍主题，控制时间，保障讨论的进行。

（3）成立5～10人的讨论小组。

（4）针对主题进行讨论。

（二）训练主题

（1）如何解决贫富悬殊问题？

____

____

____

____

（2）如何解决饥饿问题？

____

____

____

____

（3）如何解决贫困问题？

（4）如何解决性别歧视问题？

（5）如何解决食品安全问题？

（6）如何解决节假日道路拥挤，民众出行困难等问题？

（7）如何解决与同事、同学相处问题？

（8）如何解决自己最近遇到某一难题？

（9）如何解决贪腐问题？

（10）如何解决农民土地被侵占问题？

五、逆向思维训练

（一）"坏事"的积极因素

请找出下列问题的好处和积极因素，找出的因素越多、越奇特越好。

（1）贫困对大学生成长有什么益处？

______

______

______

（2）失恋给你带来哪些好处？

______

______

______

（3）离婚对人的成长有什么好处？

______

______

______

（4）生病对人的身体有什么益处？

______

______

______

（二）"好事"的消极因素

请找出下列事物和观念的积极因素和消极因素，找出的因素越多、越奇特越好。

（1）买彩票中了50万元。

好处：______

______

______

坏处：______

______

______

（2）自己被保送上了大学。

好处：______

______

______

坏处：______

______

______

（3）父亲被公司委以重任，工资翻了两番。

好处：______

______

______

坏处：______

______

______

（4）路不拾遗，夜不闭户。

好处：______

______

______

坏处：______

______

______

（5）社会和谐，天下无贼。

好处：______

______

______

坏处：______

______

______

（6）蔬菜、鸡蛋的价格暴跌。

好处：______

______

______

坏处：______

______

______

（7）抽奖得了一辆豪华轿车。

好处：______

______

______

坏处：______

______

______

（8）每个人都可以挑选任何一种职业。

好处：________________

____

____

坏处：________________

____

____

（9）将“记忆芯片”贴近大脑后，10分钟便可掌握一门外语。

好处：________________

____

____

坏处：________________

____

____

（10）掌握可以心想事成的魔法。

好处：________________

____

____

坏处：________________

____

____

（三）正反两面看问题

（1）生活中的“塞翁失马”。

塞翁失马的故事我们耳熟能详，你能找出生活中类似的两个故事吗？请你与你身边的同学、朋友分享。

（2）以下是在日常生活中会发生的事情和遇到的问题，请你谈谈你的看法。

1）大清早被闹钟吵醒有人觉得烦躁，有人乐于接受，觉得这说明自己还活着，你怎么看待这一问题？

____

____

____

2）不得不从被窝里爬起来上班上课，有人认为生活很无奈，有人觉得这说明自己没失业，应该感觉很幸福，你怎么看待这一问题？

____

____

____

3）很想休息但没被批准，有人在心里抱怨，有人觉得这证明了自己的重要性，你怎么看待这一问题？

____

____

____

4）听到别人说的刺耳的话，有人要反唇相讥，有人闻过则喜，觉得这说明有一个真心关心你的朋友，你怎么看待这一问题？

____

____

____

5）关于新媒体所带来的影响，有人认为新媒体带来了更多参与的机会，也有人认为新媒体带来了“信息焦虑”，你怎么看待这一问题？

____

____

____

六、规则和突破规则

请在图2-4中画出回家的路线。

图2-4 回家的路

任务4　健康与创造

【任务描述】

1．了解健康的内容与意义

2．认识健康与创造的关系

【任务目标】

1．充分了解健康包含的各个方面

2．认识到个人健康与发展创造的关系

3．能够对自己进行创造性训练

【知识链接】

健康与创造

一、健康的意义

在一定意义上，健康的身心是创造性发展的基础，健康的中国是建成创新型国家的必要条件。健康包括身心两个方面。健康心理涉及智力、精力（精神状态）、非智力因素、社会关系以及道德修养等。从这个角度上来看，心理健康教育对学生的一生发展起着举足轻重的作用，因为健康的情绪情感、坚强的意志、合理的个性或坚强的性格和良好的习惯是每一个社会人所需要的，不但在学校有助于大学生的学习，毕业后更是有助于家庭的和谐和社会的稳定，更有助于中国复兴和强国梦的实现。

二、健康与创造的关系

（一）健康的身体和智力支撑人的创新

身体健康是创造性活动的基础。我们的身体涉及身体各项机能和体力。身体健康体现在创造性发展、脑的健康，以及动手能力和体力耐力方面，即创造性的生理基础需要健康。虽然，也有个别患病者具有非凡的创造性成果，比如英国剑桥大学著名物理学家霍金，他因患肌肉萎缩性骨髓侧索硬化症，禁锢在轮椅上55年，却克服了残疾之患而成为物理界的超新星。但这只是杰出而极少见的身残志坚的例子。所以，如果有可能，我们还是要尽可能地通过锻炼，努力在原有身体基础上使身体保持健康状态。认知神经科学的研究结果支持这样的观点，即脑的功能会影响创造的表达和创新。无论是大脑皮层，还是小脑的发育情况都与创造力和创新密切相关。工作记忆、大脑皮层和小脑的合作是创造性和创新产生的基础。无论是在科学创造力，还是在艺术创造力等其他创造力的发展和表达过程中，动手能力（即实践操作能力）都是很重要的，是创意产生、保持和实现的主观条件，而体力则让创造主体有足够的时间和耐力来完成大量细致的探索和实验。所以上述身体因素是创造性发展和表现的生理基础。

创新或创造是一种智慧活动。智力是创造力的必要条件而不是充分条件，因为创造性或创造力的发展，还有“软件”的动力因素即人格或非智力因素，取决于环境条件。然而创造性毕竟是智慧活动或智力活动。人的智力，至少应该包括感知、记忆、想象、思维、言语和操作技能，智力健康就体现在敏锐的观察、良好的记忆、丰富的想象、健全的言语、熟练的操作技能。创造性发展与健康的智力关联，与智力水平保持着密切的联系。任何领域的创造都需要创造者对该领域的知识和技能做充分的掌握和娴熟地运用，也就是智力的作用。

（二）健康的人格，是创新或创造性发展的关键因素

健康的人格，主要体现为创造性形成和发展中所需要的健康的情绪情感、坚强的意志、合理的个性意识倾向性或坚强的性格和良好的习惯。以健康的情绪情感对创新或创造性的作用为例。情绪情感对创造性的动力作用，从结构上来说，主要是由其性质、紧张性和强度来决定的。依据人的需要和社会向其提出的要求是否得到满足，个体就产生肯定的或否定的情绪情感，前者如满意、愉快、爱等，后者有不满意、痛苦、忧愁、愤怒、仇恨等。然而，健康的情绪情感不一定就是肯定的情绪情感，有时否定的情绪情感反而是健康的，情绪情感是否健康主要是视其为积极作用还是消极作用而定的。凡能提高人的实践活动，增强其体力、精力、创造力，驱使人积极地投入实践活动的，就是积极的情绪情感，创造活动正是需要这种增力的情绪情感；消极的减力情绪情感则会降低人的实践活动，减弱人的精力和创造力。因此，情绪情感在人的创造性活动中，在人为了达到既定目标而创新中的作用是巨大的。

为了创新或创造，必须热爱其为之奋斗的相关活动，并且痛斥有阻创新或创造的条件。紧张通常使创造性活动处于积极状态。健康活动之前的准备、注意的集中、体脑积极性的调动都是有意义的。但有时候紧张也可能带来抑制状态，如使行为解体、妨碍注意集中，反而使创造性活动受阻，所以在创造性活动中，保持既紧张又适度轻松的状态有利于情绪情感的动力作用的发挥。

（三）健康的动机，是创新或创造性的内驱力

良好的动机是创新或创造性的内驱力。动机是指引起、维持一个人的活动，并将该活动导向某一目标，以满足个体某种需要的兴趣、愿望、理想、信念等。动机是个体的内在过程，即需要的过程，行为则是这种过程的结果。动机有始发机能、指向或选择机能、强化机能。

1. 引起动机的条件

（1）内在条件。个体的某种需要使人产生欲望和内驱力，引发活动。

（2）外部条件。环境因素、外部刺激的诱因所发。两者并不矛盾，可由需要引起，也可由环境因素引起，但动机往往是内在条件和外在条件交互作用的结果。

2. 动机的分类

（1）从态度来分类。有肯定的动机（如尊敬、喜爱、宽容、自尊等），也有否定的动机（蔑视、厌恶、嫉妒、自卑等）。

（2）从归因来分类。有内归因（是行为者内在的原因，如人格、情绪、努力程度等），也有外归因（产生行为的环境因素，如工作设施、任务难度、机遇等）

（3）从志向来分类。有成就动机（个人在学习、工作、科研等活动中力求成功的内部动因，其又包括追求成功的动机和避免失败的动机两种），也有消极的动机（如羞耻、屈辱等）。

在创新或创造性活动中，我们同样不否定那种否定的动机、外归因的动机和消极动机也能产生一定的作用，如“忍辱负重”的现象，但是，我们更倡导健康的或良好的动机，如肯定动机、内归因动机和成就动机在创新或创造性活动中的作用和地位。

心理学研究证明，在创造性活动中，成就动机高的人所具有的共同行为特征包括以下几个：

（1）对适当难度的工作具有挑战欲，全力以赴欲求成功。

（2）想要知道自己活动的结果如何，求得自身假设的正确性。

（3）精力充沛、探新求异，具有开拓精神。

（4）对于自己作出的决定勇于负责，即有责任担当的道德品质

（5）选择有能力的人作为工作的同僚，而不是选择亲近的人，有种任人唯贤精神。

为此，我们认为，健康或良好的动机，是创新或创造性的内驱力。

（四）健康的社会关系，是创新或创造性发展的重要环境因素

健康的社会关系尤其是人际关系对创造者的创新和创造性发展的影响。社会关系是人们在社会活动和交往过程中所形成的相互关系的总称。最基本的可分为物质的社会关系和精神的社会关系两大类。从其他角度还可分为阶级关系、民族关系、国家关系、经济关系、政治关系、法律关系、道德关系、婚姻家庭关系等。

其中人际关系是社会关系中的一个重要侧面，它是指人与人之间的关系和联系，尤其是指人与人之间心理上的关系和联系。人际关系是社会关系的产物，从这个意义上说，它由社会关系决定和制约。但是，社会是由人组成的，从这个意义上我们又可以说，人际关系是社会关系的集中表现。调节组织环境中的人际关系，能够充分发挥个体的积极性和创造性。心理学中的霍桑实验是一项典型的研

究。实验表明，员工的创造性、生产效率的提高，固然有物质条件（如照明）的改变和提高福利待遇（如工资）的因素，这些都属于次要的因素，员工最重视的是人际关系，健康的、良好的人际关系于调动人们劳动积极性和创造性起着决定性的作用。

人际关系的分类并不统一，按需要的性质可分为感情关系型和工具关系型；按关系存在时间可分为长期关系型和临时关系型等。对于创造性发展来说，健康的人际关系是直接影响个体创造力的微观环境。健康的人际关系是和谐社会关系的基本体现，它能增强群体的凝聚力，使单位、组织、家庭拥有一种良好的人际关系环境，以提高人们的友谊、幸福感，激励人们的积极性，进而促进人们创造性的发展。

【任务实施】

请同学们根据各活动的要求完成各部分的撰写。

一、创造性训练

（一）活动一：跟自己“干一仗”

（1）活动规则：选一天，否定自己。

（2）示例：如果你经常晚起，那么早起；如果你早晨天天喝一杯咖啡，那就改喝杯橙汁；如果你经常在电脑前工作，那就改成在纸上工作。一整天都和自己作对，做与你想做的事相反的事。重新给自己的“电路”布线，会让你对自我有更深的理解。

（3）请写下你跟自己干一仗的那些事并进行小组分享。

（二）活动二：我的新名字

（1）案例：莫扎特（Mozart）常称自己为阿曼德（Amade）。他结婚后改名为亚当（Adam），世界上第一个男人的姓名，也宣告着自己的新生。他不停地改变名字也是一种体验不同身份的方式。

（2）思考：给自己想10个不同的新名字。它们会是你信仰的宣告吗？它能告诉别人关于你的什么？

（3）我的新名字：请在下列横线上写出你给自己想的10个新名字。

________ ________ ________ ________ ________

________ ________ ________ ________ ________

（三）活动三：物品中的物品

（1）活动规则：选择一些物品，可以是任何东西，也许是一把剪刀、一卷胶带、一个订书器。现在来试试不同的可能组合，移动它们，看它们怎么放在一起。最终它们会形成一个看起来顺眼或者感觉默契的组合。也许你会发明一件新的工具，或者一件艺术品。它会颠覆你对于事物的想法。

（2）小组分享：请将你的创作与周围的同学一起分享。

（四）活动四：从画一笔开始

（1）活动规则：请同学们拿起笔，在画布上从任意一笔开始，然后画另一笔作为回应，然后再一笔……创作出由一笔开始的画作。在写作或者其他创意领域也是一样，先写一个词，然后再写一个作为回应。很快你就会有一个故事。

（2）小组分享：请将你的画作与周围的同学一起分享，谈一谈你的创作思路。

画布

二、阅读与思考

（一）活动要求

阅读下列素材并写下给你的启发。

（二）活动目的

以下这些练习不是为了得到特定的训练结果，而是为了带来启发和实践。

素材1：贝多芬接近30岁时获得了成功，却没有了听觉。这是他人生的最低谷，一度陷入了重度抑郁。6个月后，贝多芬将失聪转换为积极的力量。贝多芬的音乐是他自我疗愈的力量，也帮助我们去治愈自己的伤口。

给我的启发：____

____

____

素材2：当我们回应所面临的危机时，内心也会更勇敢。痛苦是不可避免的，我们都经历过失去与心碎；接到命运给你的卡片后，你仍有时间去打败它。事情对于那些能自我转向的人来说，总能得到好的结果。

给我的启发：____

____

____

素材3：创新思维者会把他们的工作室、办公室看作是一个可以进行实验的场所、一个实验室。创意组织会持续地进行实验，以保证他们永远有最活跃新鲜的思维。

实验的本质之一就是有时会失败。如果你再尝试新的事情，很有可能不会成功。但是当一切进展得太顺利，就表明你还实验得不够。

给我的启发：____

____

____

素材4：居伊·德波用一种新的方法去感知世界，这种方法被称为心灵地图（psychogeography）。它的目的是去把人们唤醒，对周遭事物有新的感知。为了使人们离开惯性的思考和行为方式，心灵地图会打破正常原始的情景。心灵地图找到了不同旅行的方法，可以让你与旅行重新建立联系，假装你并不了解你的城市、道路和就建筑。我们会用新鲜的视角，用更高的感知力，去看得更远。

如果你永远都走相同的路，会容易迷失自己，不知道自己身在何方。如果一直用相同的方式做相同的事情，也会永远得到相同的结果。

改变是好的，即使只是变一下你的桌子，或者移动一下复印机。

成长是痛苦的，改变也是。

你越经常用同样的方法来做事情，就越难以用不同的方法去看待事情。

有时候从A走到B不一定要走直线，也可以偶尔经过一下Z。

给我的启发：______________________________

____

____

素材5：中国梦是中国共产党带领全国各族人民实现中华民族伟大复兴的共同理想。个人理想是共同理想的构成部分，共同理想为个人理想提供平台。只有国家富裕强盛，青年人的个人梦想才有坚实的依托，才有真正实现的可能。

习近平同志在给北京大学考古文博学院团支部的回信中提到："中国梦是国家的梦、民族的梦，也是包括广大青年在内的每个中国人的梦。'得其大者可以兼其小。'只有把人生理想融入国家和民族的事业中，才能最终成就一番事业。"

中国梦点燃青春梦，青春梦助力中国梦。每一个青年人都是梦想家，都是践行者。只有把青春的奋斗与国家的梦想紧密联系在一起，只有把青春梦融入国家富强、民族振兴、人民幸福的中国梦，我们的梦想才会绽放无穷的活力，我们才能书写出最瑰丽夺目的青春篇章。

给我的启发：______________________________

____

____

任务5　心理团辅："我是我"

【任务描述】

开展"我是我"心理团辅活动

【任务目标】

寻找自我；认识自我；突破自我；创造性的改变自我

【知识链接】

自我（也称自我意识）是一种多维度、多层次的复杂心理现象，它由自我认识、自我体验和自我控制三种心理成分构成。

【名人名言】

你无法教会其他人任何东西，你只能帮助他找到他自己。

——伽利略

生命的成功秘密之一是随时准备好机会的到来。

——本杰明·迪斯雷利

一切的不幸都是通往幸福的垫脚石。

——亨利·大卫·梭罗

【任务实施】

请同学们根据要求观察爬树图，回答问题，并与周围的同学分享、讨论。

（一）活动目的

寻找自我；认识自我；突破自我；创造性的改变自我。

（二）活动时间

15～20分钟。

（三）活动步骤

1. 观察与思考

观察图2-5，思考下列问题。

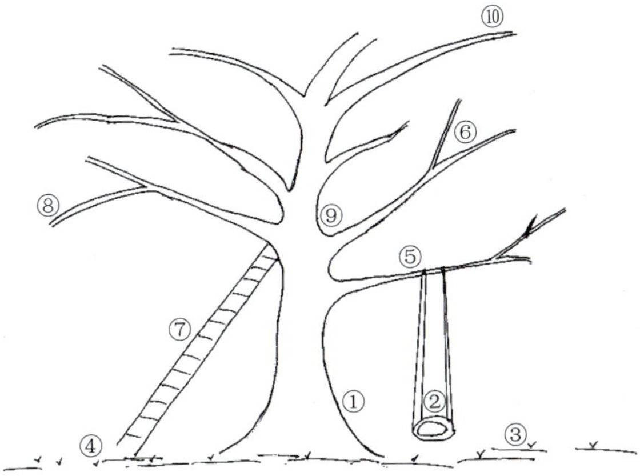

图2-5 爬树图

（1）结合你当前的学习生活等状况，再想象自己在爬树，你觉得自己位于图中哪个位置？

（2）想象自己在这个位置上的表情、动作、姿态是怎样的？

（3）处在这一位置，你觉得给自己带来什么优势或者劣势？

（4）如果可以，你希望自己将来在哪一位置？为什么？

（5）要达到那个位置，你需要做哪些改变或者努力？

2. 讨论与分享

请与你周围的同学分享与讨论你对以上问题的思考。

项目小结

本项目教学主要从生命观等知识入手，进一步介绍了个人生涯规划和创造力培养的方法。让学生能深刻理解全面健康的理念，发挥大学生的创造性和自我教育功能，促进大学生的自然生命、社会生命、精神生命的全面发展。提升和激发大学生的主动性、积极性，挖掘其创造力。加深对创造过程中，克服困难、战胜挫折、坚持不懈地进行创造活动的理解。培养出能充分发挥自身潜能、永不满足现状、对旧事物勇于变革与否定、敢于推陈出新的创新型人才。

项目三

匠心的启航

项目任务

任务1 认识心理资本

任务2 提升希望

任务3 增强韧性

任务4 拥有自信

任务5 保持乐观

任务6 研学体验

任务1　认识心理资本

【任务描述】

1．学习心理资本的内涵和要素

2．认识心理资本开发的策略

【任务目标】

1．了解心理资本的含义

2．掌握心理资本四大要素的开发策略

认识心理资本

【知识链接】

今天的大学生不再仅仅关注我是否心理健康？我是否有可能出现心理问题或者我出现了什么心理问题？而开始认真考虑如何才能让自己达到最佳心理状态。大学生所追求的优秀和卓越靠什么达成呢？一个大学生如何才能做到脱颖而出呢？美国管理学家弗雷德·路桑斯（Fred Luthans）教授创造性地提出以信心、希望、乐观和韧性为核心的“心理资本”——作为除财力、人力、社会三大资本以外的第四大资本，旨在从根本上打造人的竞争优势。怎样培养和充分开发自己的心理资本成了大学生们日益关注的事情。

一、心理资本的内涵与要素

大学生因为受教育程度及文化素质都比较高，多数人处在“被尊重”和“自我价值实现”的高层次需要上，对心理关注的起点要求较高。与此同时，由于在学习、就业、交往等方面存在较大的不确定性而不断产生错综复杂的新压力，加上大学生本身身心发展都还不够成熟，应对方式、技巧和能力都还有限，因此，培养包括自信、乐观、希望和坚韧等心理素质在内的心理资本就显得特别重要。

（一）心理资本的内涵

心理资本这一概念最早源于西方，出现在管理学、经济学和社会学等相关文献里，其理论基础主要有人力资本理论、社会资本理论和积极心理学与积极组织行为学理论。心理资本（Psychological Capital，PsyCap）是个体在成长和发展过程中表现出来的一种积极心理状态，是超越人力资本和社会资本的一种核心心理要素，是促进个人成长和绩效提升的心理资源。心理资本的重要特征是心理资本是可以改变和开发的。提高大学生心理资本，增强个体的自我意识，推动其自身发展，提升竞争优势，这是时代需求，也是大学生成长成才的内在需求。

心理资本以强调人的优势和积极性为基础，关注个体的自信、希望、乐观和坚韧性等因素，并可通过对它的投资和开发，来改善个体的绩效和提高个体的竞争优势。拥有心理资本的人一般表现为：

（1）拥有成功完成具有挑战性任务的自信（自我效能感）。

（2）对当前和将来的成功做积极归因（乐观）。

（3）坚持目标，为了取得成功，在必要时能够重新选择实现目标的路线（希望）。

（4）当遇到问题和困境时，能够坚持并很快恢复和采取迂回途径来取得成功（坚韧性）。

心理资本作为一个新资本概念，它超越了人力资本和社会资本，将开创一个新的资本时代。

（二）心理资本的要素

心理资本的要素主要包括以下四个方面的积极心理能力：

1. 希望

希望是一种积极的动机状态，是指个体能够设定现实且具挑战性的目标并有决心达成。而且如果在最初计划途径受阻时能够找到替代路径来实现所期望的目标，从而形成一个螺旋上升的希望。

2. 韧性

韧性是指个体在经受挫折或压力的状态下，依然能够调整自己以较好的适应环境，表现为在困难之下依然拥有的坚持行为、信念和良好的行为结果。如在重大困难或危险情境中能积极适应的心理状态。

3. 自我效能

自我效能是指个体从事某一活动时，对自己是否有能力胜任当前的任务或成功实现目标的自我感知程度，即“我能行”。拥有高自我效能感的人会为自己设立高目标，选择困难的工作任务，喜欢挑战，并因不断应对挑战而日益强大。

4. 乐观

乐观是指个体在不同的情境和阶段中，坚持对未来结果的积极期望，相信事件会向着积极的方向发展。乐观是一种解释风格，它常把积极的事件归因于自身的、持久性的和普遍性的原因，而常将消极事件归因于外部的、暂时性的以及与情境有关的原因。

二、心理资本的开发

对大学生心理资本的开发，秉承了传统中医文化中的“治未病”理念，不是等大学生出现心理问题了才分析、解决问题，而是立足正向引导，着力于大学生心理健康发展与维护。尤其是充分开发利用自信、乐观、希望和韧性等心理资本对个体的心理健康的积极促进作用。一方面可以让大学生深化之前学到有关心理健康的知识，树立主动开发心理资本的意识，增强自我心理保健的能力；另一方面使大学生的综合素质获得全面发展，促进心理健康和心理素质的全面提升，特别是在增强心理能量，改善心理认知，缓解心理压力，保护心理健康方面具有十分积极的意义。

通过有意识的自我心理调整和行为调整来提高包括自我效能、乐观、希望、韧性等要素在内的心理资本水平。

（一）赋予成功体验，开发大学生自我效能感

自我效能感是指人们对自身完成某项任务或工作行为的信念，是自己能否完成工作行为的自信程度。影响自我效能感的因素主要有四个方面，分别为优胜经验、培训与榜样作用、社会说服、生理和心理唤醒。体验成功是开发大学生自我效能感的有效方法。

1. 开发“自我效能感”的团体策略

（1）增加在校园生活中的成功体验。通过大学生适应训练、志愿者活动、社团活动等一系列活动，有意识地创造“成功体验经历”。通过大学生适应训练等团体活动帮助大学生人际破冰；通过交流，同学们可以发现共同的问题和共同的话题，在心理上就会消除孤单感，达到心理唤醒。同时，可以借鉴朋友同辈们的适应环境的方法和技巧，帮助自己在环境适应方面找到改进的方向和方法。如果能够将自己以前认为做不到的事情在团体的帮助下完成，能够有效改变个体对自我能力的判断从而增强自我效能感。如在团体辅导中，小组领导者可要求小组成员列举自己在现实生活中觉得不可能完成的任务，以小组为单位分解大目标，并描述各个子目标及其实现方法，然后，接受其他小组的提问和质疑后得出最佳实施方案。最后，通过仿真模拟，帮助自己完成目标，强化成功体验。这一训练过程可以使我们相信只要计划得当、策略科学，充分调动资源，就能够将“不可能”变为“可能”。还可以通过信任背摔、高空拓展等活动帮助大学生打破对自身能力认知的定势。

（2）创造和把握模仿学习的机会。邀请专业教师、辅导员以大学生成长导师的身份参与进来，与大学生进行一对一的、个性化的辅导与交流。他们丰富的人生阅历可以发挥社会说服的功能，帮助大学生获得成功的信心。邀请优秀的在校生做讲座，通过传、帮、带等形式为大学生提供大量的替代性经验。直接的成功体验往往不容易获得，当大学生看到其他经历相似的同学在学校取得了成功时，往往会有意识模仿、学习成功者的有效行为和策略，相信自己也能获得同样的成功，从而提高自信心。

2. 开发“自我效能感”的个体策略

一个人只有对自己进行实事求是的评价，才能形成正确的自我意识，并保持一种乐观进取、积极向上的健康心态。在此基础上形成自尊、自爱、自强的自我信念，按照“自信的人”所应有的心理特征，给自己心理定位，结合自我激励法、积极暗示法、观察模仿法、美好回忆法、姿态仪表训练法等自信心训练方法，具体策略如下：

（1）熟练掌握与成功体验。大学生可以选择生活、学习中较易成功的某一方面去努力，或者做自己喜欢做的事，因为通常人们对自己喜欢做的事比较投入，较容易达到熟练掌握的程度，也容易取得成功，继而产生成就感，这非常有利于自信心的提高。同时，要对自己的成功进行积极的评价。成功有助于增强信心，反过来又能激发更高的成功，并且使这种螺旋式上升持续发生。

（2）替代学习或模仿。观察性的体验可以让个体认识他人的成功和失误，并从中学习，进而有选择地模仿他们的成功行为。这种学习可以增加个人体验成功的机会。例如阅读名人传记就是一种很好的学习方法，因为很多知名人士成名前的自身资质和外部环境并不好，但是经过自身努力却取得了很大成就。如果大学生多看一些这方面的资料，将有助于提升自信心。

（3）社会说服与积极反馈。例如自我心理暗示，如果一个人不断对自己进行正面心理强化，一旦有所进步（不论多小）就对自己说：“我能行!”“我很棒!”“我能做得更好!”等，将会不断提升自己的信心。根据情况运用积极反馈和社会认可能够提高人的积极性，有时甚至超过金钱奖励和其他的激励技巧所带来的影响。

（4）保持生理和心理健康。健康的身体状态以及积极的心理状态能支持与维持个体自我效能的提升。因此，应注意全面营养，坚持锻炼身体，保持快乐的心境。良好的生理、心理状况会使自己产生幸福感，进而产生自信心。此外，应做好职业生涯规划，制订详细的学习方案与具体目标。可将目标化解成几个小的、简单化的任务，使自己能较容易地、频繁地体验“成功”，从而增强自我信心。

（二）积极认知和归因，促成大学生乐观心态

大学生面对的所有的生活事件都是大学生对自我、他人、外在环境及三者间关系的“认知过程”，是大学生的分析和建构、预期与回忆、评价与解释过程。不同的认知带来不同的体验，导致不同的行为。研究表明，乐观者的心理健康水平高于悲观者。因此，大学生应养成积极乐观的心态。

1. 开发“乐观”的团体策略

要积极引导，在开发乐观方面给大学生提供团体辅导活动的指导教师、辅导员、班主任及外在团体的帮助，具体策略如下：

（1）对问题作积极解释与归因。归因方式是影响大学生对未来事件乐观或悲

观理解的重要因子，个体的归因方式越乐观，越倾向于将消极事件的产生归为他人的、暂时性的、局部性的原因。因此，从归因方式上训练大学生的乐观精神是一个重要的思路。乐观归因训练的核心思想是学会重新解释和接受过去的失败、错误和挫折。首先，让小组成员列举失败的生活事件，并尽可能完整列举失败的归因。然后在导师的带领下让小组其他成员帮助个体将消极的持久性、整体性的归因转换为积极的暂时性、局部性的归因，从而提升个体的自尊，增加对外部环境的控制力。例如，对人际交往中缺乏自信的归因。如果某大学生认为主要原因是“自己天生胆小、无能”，可以在团体活动中帮助该大学生将归因转换为“缺乏一定的社交技巧的训练和锻炼的机会”，从而帮助该大学生进入解决问题程序而从主观上尽量缩小消极事件对自己的影响，减少消极情绪的体验，从而保持良好的心态。

（2）制定合理目标。制定合理目标是随后积极应对挫折、有效应对压力的前提。在团体活动中要引导大学生对自身有清醒的认识，制定合理的目标，降低不切实际的期望，防止屡次达不到目标而产生挫败感。要认识到任何事物都有两面性，在挫折情境中要学会发现事物积极的一面，相信事情最终会向积极的方向发展，好的结果一定能够发生在自己身上。采取有效的应对策略去应对各种压力情境，从而使大学生产生健康的情绪体验。对于可控的事件，应使用问题解决的应对策略，消除障碍或压力源；对于不可控制的事件，则需要接受现实，可以使用合理化和幽默等方式，对当前的不利局面进行积极重构。

2. 开发“乐观”的个体策略

（1）宽容过去。大学生要学会重新认识和接受自己过去的失败、错误和挫折；以问题为导向来对待情境中可控制的因素；做有利的判断，从尽可能好的角度看待情境中不可控制的因素。这样有利于大学生正确对待过去所遭受的挫折和失败。

（2）珍惜现在。每个大学生都应感激和满足自己生活、学习中积极、成功的一面，无论在何种情况下，都要学会看到并享受积极的方面。欣赏现实的生活学习状态，能引导自己由消极厌世逐渐转为积极乐观。

（3）寻找未来的机会。大学生在珍惜现在已拥有的美好的同时，还要鼓励自己要着眼于未来，抓住所有的发展机会，将未来和难以确定的事看作个人成长发展的机会，以一种积极的、愉快的和自信的态度迎接未来。

（三）规划职业生涯，对大学生活充满希望

希望是对未来的积极预期，包含良好的认知能力、自我肯定的情绪体验和实现目标的意志力。作为一种积极的心理状态，希望对人的行为具有激励作用，是鼓舞大学生学习和成长的强大内驱力。调查研究表明，具有较高希望的大学生能更好、更恰当地应对生活的不幸和压力，即使在困境中，他们也能很好地调整自己的行为，以灵活的方式来摆脱困境。

1. 开发“希望”的团体策略

（1）通过学校、院系、专业及班级层面做好大学生职业生涯规划。目标同希望相联系，是大学生获得希望的未来事物或预期状态。方向正确、目标实在、符合实际的生涯规划，既激发学生的兴趣又能赋予大学生希望。

（2）通过有针对性的团队活动打破习得性无助。大学生的习得性无助是大学生对工作、学习任务的一种消极被动反应，表现为缺乏动力，认为自己无论怎样努力都不能取得成功，乃至对力所能及的任务也不能胜任。遇到困难往往不加努力便轻易放弃。打破习得性无助要从认知调整开始，首先在团体活动中可通过“瓶子中的跳蚤”“被铁链拴住的大象”等故事以启发大学生认识到自己在生活中的习得性无助，然后采用“认识自我表格”游戏，利用团队的力量帮助大学生看到自己的优势和自己设定的心理限制，再通过“埋葬我不能”等游戏可以给予积极的心理暗示，唤醒大学生突破习得性无助的动机。最后通过设计目标与实现目标的实战模拟，训练大学生在完成任务时将注意力投注到完成任务的策略设计上，而不是投注在对任务可能失败的焦虑上。通过认知调整到行为训练的树立希望的练习，大学生实现目标的希望能在很大程度上得到强化。

（3）发展大学生树立希望的能力。可以通过开展“希望导航”团体辅导课程来发展大学生树立希望的能力。通过心理测试，筛选出希望水平不同的同学，两两组合共同开展活动。低希望水平的同学面对榜样，学习如何提高希望水平。学生们参与各种制定目标和寻找实现目标的技能、技巧训练、目标设定讨论等，如：对于某一具体的团体、小组或者个人，高希望水平的目标是什么？实现这些目标的最有效途径是什么？怎样克服各种阻碍自己实现既定目标的障碍？怎样把这些目标和自己的现实生活相结合？实践证明，这种综合性的希望培训课程能使参与这一项目的人的希望水平都有一定的提高。

2. 开发“希望”的个体策略

大学生树立希望的具体方法就是要做好个人规划，设定合理的目标和路径并付诸行动。希望开发训练的基本原理是强调目标、动力和途径，具体策略如下：

（1）自我评估。对于大学生，全面客观的自我评估非常重要，“我”的优点、缺点是什么？“我”有什么特长？“我”的个性怎么样？“我”的智商、情商如何？等等。自我评估的重点是找到自身的闪光点，在设立目标时扬长避短，从而在班级、专业发展以及社会上找到最合适自己的位置。

（2）认识形势，形成合理的认知、心态和人生观。认知心理是大学生对自我、职业和社会环境的认识以及对各种影响因素和变化趋势的分析、推断和把握。作为大学生，我们应了解社会政治和经济发展趋势、目标任务的现状和未来、自身条件和竞争对手的情况等；应正视现实，客观地认识自我，勇于挑战，树立把理想与现实相结合、把利益与奉献相结合、把具体任务和自身发展相结合的正确人生。

（3）确定目标并行动。大学生应为自己做好学业、职业规划，设立充满希望的、具有可实现性的目标，然后分步前进。通过参加集体活动和实践活动，可以提升自己的团队精神，学会与人和睦相处，锻炼自己的组织交际能力，让自己变得更快乐。大学生要学会把一个大目标分解成若干个小目标，每实现一个小目标，就对自己进行奖励，从精神上鼓励自己，有意识地为自己喝彩。要善于寻找可以让自己最欣赏、最兴奋的优点和成绩，并对之进行加固，使之形成与众不同的自我核心竞争力。

（四）理性应对逆境，增强个体韧性

大学生提高韧性，增强复原力的方法有规避风险、增加资源、干预影响过程等。对于开发“韧性”这一心理资本要素，具体策略如下：

1. 开发“韧性”的团体策略

（1）建立广泛的社会支持系统。大学生可在学校、家庭、教师、同学及朋友的帮助下积极开发可用的资源，并尽可能地去使用这些资源。一是加强与家长的沟通，改变家长“孩子考上大学就可以放手”的观念，让家长继续积极主动地关注大学生的成长与适应；二是加强学校管理和与教学教师的交流，增强对学校的归属感，如任课教师、行政人员可以成长导师的身份参与进来，和大学生进行一对一的、个性化的辅导与交流；三是要充分发挥学生社团、心理协会、心理委员、高年级学生的积极作用，给予大学生更多的帮助和关怀，以促进大学生的健康成长和全面发展。

（2）增强大学生的复原力。增强复原力可从以下三个方面入手，首先尽量减少可能的非预期结果的危险和紧张刺激；其次强调和增加可带来积极结果而没有危险的资源；第三是大学生要整合全部资源，以满足管理危机因素的需要。如大学生可在小团体活动中列举现实中失败的具体事件，并分别列举已利用的资源、其他未利用的资源，再由小组成员及时补充其没有列出的可利用资源。最后，通过角色扮演让大学生对自己在面对逆境时可能产生的想法和情感进行批判性反思，并思考如何基于多种资源和选择采取最合理的方法来克服逆境，最终达到目标。

2. 开发“韧性”的个体策略

（1）培养韧性从对挫折的正确认知开始。大学生由于自身和环境等原因，很少一帆风顺。挫折本身并不可怕，对挫折所持的看法、解释才是引起情绪和行为反应的直接原因。受挫后，应保持冷静和理智，找出挫折源，分析挫折原因、性质，评估严重程度，详细总结，为以后的发展奠定基础。我们要注重提高自身的资源水平，这样可以增加产生积极结果的可能性。这些资源主要包括人力资本、社会资本和其他积极的心理资本成分。人力资本中的显性资本（知识、技能、能力）可以在教育、学习中获得，隐性资本（价值观、文化氛围）可以通过广泛认可来获得；社

会资本可通过建立信任在工作和生活中来开发。在过程中，要清楚应该利用哪些资源来帮助实现特定的目标。应充分意识到自己拥有哪些个人资产，如天赋、技能和社会网络，能够增强我们的韧性。对自身内部的资源扩展可以起到直接的作用，锻炼身体、磨练意志力、提高知识素养、改善人际关系等举措，可以帮助自己在挫折面前更快速地恢复，重新鼓起勇气和信心，自觉开发心理潜能，提升心理资本，增强竞争力。

（2）学习运用积极心理防御机制。关注危害因素，运用积极心理防御机制可使我们在遭受困难与挫折后表现出自信、进取、弹性的心态，减轻或免除精神压力，更快恢复心理平衡。因此，我们应学习相关心理防御机制的理论和方法，在遭遇困扰时能自觉采用认同、升华、利他、幽默等方式积极防御，增强挫折耐受力和韧性。我们应正视不利因素，面对现实，把不利因素导致的压力转化为学习和生活的动力。对于不良情绪，要区分不同类型，采取不同措施，通过注意力转移法，将注意力从消极情绪上转移开来，倾诉、宣泄心中的郁闷，以缓解心理压力。与制订计划解决障碍类似，自己尽量做到提前识别那些会影响自己成功的障碍。

（3）关注过程。大学生在面对逆境时，要冷静分析自身优势，坚持不懈地克服困难，学会自我调节，实现成长。要积极主动地、独立地开发韧性资源，应对危害因素，改进价值观和信念，进而增强自身的坚韧性。最后，大学生要认识到自己在面对逆境时的想法与感受，并在评估克服障碍的资源和方法的基础上选择更有韧性的想法。

总之，大学生心理资本的开发并非一蹴而就的，希望大学生都能基于对心理资本及其对大学生心理健康发展重要性的了解，在今后的学习生活中学会积累和开发心理资本的技能，养成主动、积极开发心理资本的人生态度，成就自己的美好人生！

任务2　提升希望

【任务描述】

1. 认识希望和希望感
2. 了解希望的三大要素
3. 进行有关希望的测试
4. 了解提升自身希望感的方式方法
5. 进行关于希望的心理训练

【任务目标】

1. 认识并了解希望和希望感的内涵
2. 通过心理测试了解自己的希望感
3. 通过开展心理训练提升自身希望感

提升希望

【知识链接】

莫泊桑曾说：“人生活在希望之中。”生命的出现就给人类带来了希望。从20世纪50年代起，人们开始关注与生活息息相关的“希望”这一概念，如今，“希望”作为一种积极的心理机制被广泛运用。

一、希望和希望感

希望（Hope）指人们对自我的承诺和未来的积极渴求。中国社会科学院语言研究所词典编辑室编辑的《现代汉语词典》（第七版，2019年）对希望一词有3个解释：①心里想着达到某种目的或出现某种情况；②希望达到的某种目的或出现的某种情况；③希望所寄托的对象。

20世纪末以来，社会科学领域的研究者们对希望的看法至少有26种。这些看法大致可分3类：①希望是一种情感体验；②希望是一种对目标的认知；③希望既包含认知的成分，也包含情感体验的成分。当前最受认可的研究是美国心理学家C.R.斯奈德（Snyder C.R.）的希望理论：希望是一种基于内在成功感的积极的动机状态，包括意愿动力和路径思维，前者指一种朝目标努力的力量，后者指用来实现目标的方法和途径。希望是一种基于内在的成功感的积极的动机状态，它囊括了路径（用来达到目标的途径和计划）和意愿动力（一种目标性指向的能量）两个方面。希望是个体的生活的基础，是情感与认知的整合，一种为了实现目标而自发的积极情感，为达到目标不断地寻找路径的认知信念。希望既包含动力思维的成分，让个人始终保持一种动力状态，自己主动去追求目标，也包含路径思维的成分，能够在遇到困难或者困境的时候寻求更多更好的线路去达成目标。

举例来说，当个体具有多种为了达成目标而制定的策略和途径，且同时又对所制定的目标具有坚持、决然和强烈的动机时，则我们可以说这一个体希望感高，反之，则相对较低。当个体希望感很高时，就会勇于挑战，那么他的人生就是充满光明和希望的，任何事情都能积极地应对，从而能成功地实现目标。反之则容易陷入自卑之中，对生活中任何事物都看不到希望，因此就会消极应对，遇到任何事情都会逃避和退缩，最终就是失败的人生。

希望感的涉及因素主要包括自我价值观、目标等。自我价值观也会影响到个人希望感。个人的自我价值观受到个体以前的学习和成长经验的影响，能帮助个人根据所想要达成的目标计划出一些策略和方法，从而来影响个体希望达成目标的决定与动机，进而产生不同的外显行为。最后对于所制定目标的结果，又会成为个体过去的学习经验，再次来影响到个体的自我价值观，进而产生循环模式。目标是希望理论的核心概念。人类的行为，包括日常生活中的普通活动，都是有一定目标的。这是人们精神活动的支点。目标有时间长短之分，也有具体与抽象之别。关于目标与希望的关系，一般地，高希望水平的人形成的路线比低希望的人更加具体可行，而且还善于形成备选路线。大脑有一种自然的倾向去了解和预期某种可能的结果，路径思维就是开发大脑中的预测能力系统。动力思维是指执行路线的动力，即个体认识到自己根据已有的路径达到所期望的目标的能力，属于希望的动机成分，类似于意志力，其重要作用尤其体现在人们追求目标的过程中遇到障碍和困难和感受到压力时。希望的这两个成分缺一不可，在追求目标的过程中是紧密联系、相互配合的，两者不仅反复出现而且相辅相成。希望感对学业成就、身心健康均有影响。

二、希望的三要素

（一）目标

由于人们的行为都指向目标，因此目标成为了希望的核心要素，是希望的方向及终点。所谓目标，是个体心中想象的或者想要得到、实现的任何事物、经验或结果。目标可分为积极的“趋近”目标与消极的“回避”目标。面对“趋近”目标时我们会想尽办法实现，如拥有一台新电脑；面对“回避”目标时我们会进行预防，以阻止或推迟消极结果的出现，如避免上班迟到。对于目标和希望的关系，斯奈德强调希望水平和目标能够实现的概率关系不大，即便是非常难以实现的目标，个体也可能抱有极高的希望，且可能完成任务。

（二）路径思维

路径思维是希望理论模型中的认知成分，即能帮助个体实现目标的各种具体方法、策略的认知操作。当高希望水平的个体形成目标后，将会主动开始构想具体且可操作性强的实现目标的方法、策略。大脑中存在一种预期某种结果的自然倾向，路径思维就是开发这种预测能力的系统。体现路径思维内部语言的有“我肯定能找到解决问题的方法”等。路径思维除了帮助个体找到实现目标的有效方法外，还是个体对自身有能力通过一定方法实现目标的一种认知与信念。

（三）动力思维

动力思维是希望理论模型中的动机成分，即启动个体朝向目标行动、沿着设想路径前进的动力和信念系统——个体能意识到自身具有实现预期的能力。在整个目标的追求过程中，动力思维成为推动我们开始和保持有效途径以实现目标的心理能量。高希望的个体经常会进行如“我不会停止行动”和“我能做到”等的内部语言。动力思维在人们追求目标遭遇阻碍的时候发挥着重要作用，它推动人们用最佳的方式转换或调整实现目标的方法。

希望由目标、路径思维、动力思维三者结合而成，对个体具有价值的目标是希望的出发点，路径思维找寻实现目标的有效途径，动力思维提供追寻目标所需的心理能量，三者缺一不可。

在采用了成人一般希望量表、自尊量表、幸福感指数量表、应付方式问卷、自评抑郁量表和自评焦虑量表进行分析的心理研究中，希望是预测大学生学业成就的有效变量，也是主观幸福感、自尊、心理控制源、抑郁、焦虑及应付方式的重要预测因素。这表示希望感与幸福感存在显著的正相关，希望干预是提升学生幸福感水平的有效途径，也说明了希望感与心理健康有着非常重要的积极影响。在希望感和生理病痛关系的研究中，关于希望与痛觉关系的研究也表明，希望量表得分高的人将他们的手放在冰冷的水中忍受疼痛的时间要显著高于低分的人，而在对实验组进行希望干预训练之后的结果显示，实验组要比没有经过训练的控制组有更强的对冰水疼痛忍耐力，证明希望干预训练取得了效果并且希望感的提高比生理忍耐度更强。

三、希望的测试

（一）一般希望量表

表3-1列出的是个人对自身日常生活各方面一些情况的看法，请仔细阅读每一个叙述，在最能表示你目前感受的数字上打钩，选择无对错之分。请根据自己的真实感受回答你是否同意以下每一个问题：选择“1”表示很不同意；选择“2”表示不太同意；选择“3”表示不确定；选择“4”表示有些同意；选择“5”表示非常同意。

表3-1　一般希望量表

题号	题项	很不同意	不太同意	不确定	有些同意	非常同意
1	我能够想出很多办法摆脱困境	1	2	3	4	5
2	我精力充沛地追求自己的目标	1	2	3	4	5
3	大多数的时候，我都感到疲惫	1	2	3	4	5
4	任何问题都有多种解决方法	1	2	3	4	5
5	在争论中我常易处于下风	1	2	3	4	5
6	我能够想出许多途径获得生活中对自己最重要的东西	1	2	3	4	5
7	我对自己的健康状况担忧	1	2	3	4	5
8	即使在许多人都失望时，我依然相信自己能够找出解决问题的方法	1	2	3	4	5

续表

题号	题项	很不同意	不太同意	不确定	有些同意	非常同意
9	我过去的经历已为我的未来做了很好的准备	1	2	3	4	5
10	在生活中，我是相当成功的	1	2	3	4	5
11	我常发现自己在担心某些事情	1	2	3	4	5
12	我达到了为自己设定的目标	1	2	3	4	5

结果解释：路径思维包括1、4、6、8项；动力思维包括2、9、10、12项，分数越高说明希望感水平越高。

（二）状态希望量表

仔细阅读表3-2中的每一个条目，选出最适合你当下情形的答案，并在相应的选择下打“√”，每一个条目你只能选一个答案。选择“1”表示完全不符合；选择“2”表示大部分情况下不符合；选择“3”表示有些不符合；选择“4”表示有一点不符合；选择“5”表示有一点符合；选择“6”表示有些符合；选择“7”表示大部分情况下符合；选择“8”表示完全符合。

表3-2　状态希望量表

题号	题项	完全不符合	大部分情况下不符合	有些不符合	有一点不符合	有一点符合	有些符合	大部分情况下符合	完全符合
1	当我陷入困境的时候，我会想出各种方法让自己摆脱困境	1	2	3	4	5	6	7	8
2	我感觉自己现在精力充沛，正努力实现我的目标	1	2	3	4	5	6	7	8
3	我现在遇到的任何问题都有许多解决方法	1	2	3	4	5	6	7	8
4	此时此刻，我认为自己是相当成功的	1	2	3	4	5	6	7	8
5	我能想出许多办法去实现自己当前的目标	1	2	3	4	5	6	7	8
6	在这个时候，我正在实现为自己设定的目标	1	2	3	4	5	6	7	8

结果解释：分数越高，说明你的状态希望感越强。

四、提高自身的希望感

整体而言，大学生属于高希望群体，也有部分大学生的希望水平不高，由于希望在压力觉察和应对方面起着重要的中介作用，表现为希望水平高的群体在面对压力后成长水平更高。所以，为了使低希望水平大学生提高希望水平从而提高压力应对能力，提出以下建议：

（一）挖掘自身潜能，提高希望水平

1．构建目标等级

大量的研究显示，切实可行的目标能够提高个人的行动力，因此构建从小到大的目标等级，逐步完成更高的目标，不仅能使制定的目标真正的内化为自己心中的目标，也能增强个体的动力水平、自信心以及意志力，在实现目标的过程中使自己的能力以及希望水平获得提高。

2．恰当运用强化

人在实现目标的过程中，并不是一帆风顺的，遇到障碍是在所难免的。在这个过程中，给予一定的强化刺激，如采用奖励，不仅能够使他们因为获得社会支持而感动，也能激励他们克服困难和障碍，从而继续前进。

3．给予适当监督和关注

作为学生在完成制定的希望目标过程中，家长和老师需要给予适当的监督和关注，在出现问题和困难的时候能够得到相应的指导，这些措施可以提高大学生完成目标的效率和质量，从而提高希望水平。

（二）科学认知压力，合理释放情绪

合理释放情绪

同一事件，不同的人感受到不同程度的压力，这与他们自身对事件的认识和看法有着密切的关系。可以采取美国心理学家阿尔伯特·艾利斯（Albert Ellis）提出的合理情绪疗法来理解和应对自己的压力。根据“情绪ABC理论”，人的情绪不是由事件本身引起，而是由于这个事件作用于个人身上，自己对事件的看法和评价而产生的。因此不同的人对待同一件事会感受到不同的压力，因此会产生不同的情绪。因此，在日常学习、生活和工作中，要注意自我引导，进行自我情绪的疏导，科学管理压力，才能从根本上提高大学生的希望水平，促进压力应对后的成长。

（三）主动开放自我，融入校园氛围

在一个开放的、充满机会与希望的校园文化中，个体获得来自学校的无论是学习还是生活娱乐方面各种的机会来实现自己的价值，在一定程度上推动个人的发展，提高自身的希望水平。但是如果个体自身没有主动开放自我，融入环境的主观能动性，不仅使个人能力的发展受到限制，也会使个体实现目标的动力无法激活，无法实现个人价值，自我的希望感降低。因此，要积极主动开放自我，营造充满希望的、有生机活力的成长环境，在校园文化这一隐性课堂上推动自身希望感的发展。

【拓展与思考】

案例一　活着就是希望——司马迁绝境中著《史记》

司马迁是西汉史学家、文学家、思想家，他早年遍游南北，考察风俗，采集传说。初任郎中。公元前108年，司马迁继承父职，任太史令。公元前104年，他与大中大夫公孙卿、壶遂等，共订《太初历》，对历法进行改革。

司马迁后来因为替李陵军败投降匈奴一事辩护，得罪了汉武帝，被下狱，并受了宫刑。当时，李陵担任骑都尉，率领五千人马和匈奴打仗，结果被单于率领的三万骑兵团团围困住。尽管李陵和士兵们奋勇战斗，杀了五六千名匈奴骑兵，但终因寡不敌众而失败，李陵被俘而降。

李陵投降匈奴的消息震动了朝廷。汉武帝把李陵的母亲和妻儿都下了监狱，并且召集大臣，要他们议一议李陵的罪行。大臣们都谴责李陵不该贪生怕死，向匈奴投降。汉武帝问司马迁，想听听他的意见。司马迁说：“李陵带去的步兵不满五千人。但他深入到敌人的腹地，打击了几万敌人。李陵不肯马上去死，一定是想将功赎罪来报答皇上。”司马迁的话让汉武帝勃然大怒，于是，汉武帝以对抗朝廷的罪名将司马迁下了大狱。

司马迁被关进监狱以后，案子落到了当时名声很臭的酷吏杜周手中，杜周严刑审讯司马迁，司马迁忍受了各种肉体和精神上的残酷折磨。面对酷吏，始终不屈服，也不认罪。

据汉朝的刑法，死刑有两种减免办法：一是拿五十万钱赎罪，二是受“腐刑”。司马迁官小家贫，当然拿不出这么多钱赎罪。腐刑既残酷地摧残人体和精神，也极大地侮辱人格。

司马迁从元封三年（公元前108年）为太史令后开始阅读、整理史料，准备写作，到太始四年（公元前93年）基本完成全部写作计划，共经过十六年。这是他用一生的精力、艰苦的劳动，并忍受了肉体上和精神上的巨大痛苦，拿整个生命写成的一部永远闪耀着光辉的伟大著作。

资料来源：https://m.pinshiwen.com/xljt/rszlzh/20210402320269.html

案例二　在绝境中寻找希望

高考考了三年，终上北大。俞敏洪坦言，从小学到大学，从未考过全班前20名，但凭借“自我鼓励”考上北大。很多人知道作为新东方创始人俞敏洪参加过三次高考，但曾拖后腿的竟是他现在的强项——英语。

俞敏洪说，第一次参加高考，英语只考了33分。在复读班，英语基础差，从未得到老师的鼓励，靠强大的“自我鼓励功能”挺到最后。第二年高考，英语成绩55分，虽比前一次有进步，但总分不高仍落榜。在一片质疑声中，俞敏洪坚持再读一个高三。当年暑假，俞敏洪报了一个英语补习班。有了前两年的积累，加上最后一年的拼命用功，“高五生”俞敏洪英语得了90分，最终被北大录取。

对于即将参加高考的学生而言，俞敏洪说：“只要自己不放弃自己，任何人都打不倒你。”“没有人鼓励，就自我鼓励。”

考上大学，来自全国各地的50名精英分子编成一班，俞敏洪是其中之一。“大学期间，我从未进入全班前40名。但我没有因此放弃自己，一天内背不下课文，我就花一周的时间天天背，到最后可以脱口秀。”俞敏洪说，在与同学智商相当的情况下，唯一能胜出对方的是超常的努力加毅力。绝境与希望的关系，就好比痛苦与幸福的对立。按概率来说各占二分之一，但是学会在绝境中寻找希望，在痛苦里追求幸福，就会发现人生的另一番天地。俞敏洪与新东方的紧密联系，让许多人想起了那句新东方教室里的标语：“在绝境中寻找希望，终将走向辉煌。”坚持梦想的俞敏洪在多年后的今天，用他辉煌的成就对这句话作了最好的诠释。

俞敏洪的个人经历是坚持梦想而成功的最好诠释，是年轻人心中真正的励志偶像。他说：“人的智商是有差别的，但是你可以持续努力。别人一年考上北大，我考三年，我比别人多花两年时间。有时候你多花点时间，成绩就出来了。”如何能够进步，最重要的是设定明确的目标，朝目标行动。一个人坚持朝目标前进，就会发生质的变化，“当你向前走一万步，你越往前走越有意义，为什么？因为你在两边看到了不同的风景和人。但是，当你坚持走到100万步，你就变成了旅行家。”

资料来源：《在绝望中寻找希望》——俞敏洪

案例三　老人与海

《老人与海》中海明威笔下的桑提亚哥，这个老渔夫孤独、背运、贫穷、年老体衰，但他说：“一个人并不是生来要给打败的。”他的话语简单但是充满坚强，他的眼睛跟海水一样蓝，是愉快的，毫不沮丧的。桑提亚哥一连84天没捉到一条鱼，连唯一陪伴他的男孩也离他而去，没有人相信这个老头会再有什么收获。可是他再一次出海了，他要靠自己走出这个绝境。他找到了大鱼，可是一个人却无法完全捕获。他忍着饥饿、伤痛，竭尽全力与马林鱼、鲨鱼搏斗。他要用自己去证明自己，更是要用自己的努力找到人生的希望。尽管桑提亚哥最后只是带回了一具鱼骨架，但是他证明了自己，顽强地与人生的困难角斗使他走出了绝境。

他的乐观、自信、勇敢、坚韧是在陷入绝境时的一种完美释放，于是他在绝境中依然发出“鱼啊，我到死也要跟你在一起”的誓言。

桑提亚哥的形象是对一种即使一无所获仍旧不屈不挠的奋斗精神的讴歌，是对不畏艰险，不惧失败的那种道义胜利的讴歌，是对人类精神胜利的讴歌。人最大的胜利是精神的胜利，当我们像老渔夫一样孤立无援、手无寸铁的时候，我们唯一的武器就是自己的信心，我们唯一的盾牌就是人的尊严。在与生活的搏斗中，或许我们常常迷失目标、理想落空，但是，我们在压力、痛苦、考验面前呈现出的人的尊严和优美，就像老人最后拖回家的那副十八英尺长的唯一完整的鱼头和漂亮的鱼尾巴，已经宣告了“人”的胜利。“一个人并不是生来要被打败的，你尽可以把他消灭掉，可就是打不败他。”这是桑提亚哥的生活信念，也是人类不甘失败，精神永胜的一曲颂歌。他那勇于与恶势力作斗争的精神是值得我们学习的！

资料来源：https://baike.baidu.com/item/%E6%A1%91%E6%8F%90%E4%BA%9A%E5%93%A5/6532453？fr=aladdin

【名人名言】

（1）在人生的道路上，当你的希望一个个落空的时候，你也要坚定，要沉着。

——亨利·朗费罗

（2）希望消失时，恐惧就产生。

——巴尔塔沙·葛拉西安

（3）我的希望是想确定因为我生活在这个世界上，才使这个世界变得好了一些。

——亚伯拉罕·林肯

（4）幸运的不是始终去做你所希望做的事，而是始终希望达到你所做的事情的目的。

——列夫·托尔斯泰

（5）幸运并非没有许多的恐惧与烦恼；厄运也并非没有许多的安慰与希望。

——弗朗西斯·培根

（6）希望是生命的源泉，失去它生命就会枯萎。

——本明杰·富兰克林

（7）假如生活欺骗了你，不要忧郁，也不要愤慨!相信吧，快乐的日子就会到来。心永远憧憬未来。

——亚历山大·普希金

（8）人生是海洋，希望是舵手的罗盘，使人们在暴风雨中不致迷失方向。

——德尼·狄德罗

（9）一个希望的突然失落会留下一处伤痕，即使那希望最终实现，也决不能使它完全平复。

——托马斯·哈代

【任务实施】

目标是希望的核心要素，是希望的方向及终点，树立一个正确的目标能帮助我们掌握人生的方向，帮我们做更好的人生抉择。人人都有惰性，有些人能靠自己的意志力克服惰性，而有些人被惰性左右，那些克服惰性的人往往是因为有着明确的人生目标，有着顽强的意志以及坚定的希望，而目标就是一种导向，一种规范的力量，能帮助人控制自己的生活，从现在开始树立明确而清楚的人生目标吧，让梦想成真，对生活充满勇气，朝着目标大步向前走，我们一定可以取得成功，享受成功！

请同学们根据以下提升希望的心理训练方案，逐一完成提升希望的活动及心理测试。

活动一：时光简史

（一）活动目的

以结果为导向，通过设立目标来规划大学时光应该如何度过。

（二）活动时间

20分钟。

（三）活动内容

（1）设想一下大学毕业时自己是什么样子的。

（2）思考一下为了达成目标，大学时光应该怎样度过。

（3）对接下来的这一个学期列一个详细计划表。

我的计划表

（4）追踪计划的实施情况，及时做好调整。

活动二：目标搜索

（一）活动目的

（1）让学生学会树立目标意识，让目标引领自己的行为。

（2）让学生澄清并明确自己近期的目标，懂得分清主次。

（二）活动时间

25分钟。

（三）活动道具

每人一张白纸、一支笔。

（四）活动场地

团体辅导室。

（五）活动程序

（1）请学生写出近期要完成的五件重要事情，可以是学习、运动、逛街、旅游、追剧、读完某一本书或参加某方面的活动等。

____

____

____

（2）邀请学生分享：假如你现在因故必须在五件事中删除两项，你现在的心情如何？你会删除哪两项？

____

____

____

（3）现在又有特殊情况发生，你必须再删除一项，你的心情又如何呢？你又会删除哪一项呢？现在还要再删除一项，你又会做出怎样的选择呢？

____

____

____

（4）最后只剩下一件事了，这就是近期你最想做的、对你来说最重要的一件大事，即你当前的奋斗目标。

（5）和大家谈一谈你的奋斗目标。

（6）静坐在座位上，想下面的三个问题：

1）我是不是想要实现这个目标？我是不是一定要实现这个目标？

2）我有没有实现目标的条件呢？我要怎样发挥这些条件呢？

3）实现目标的困难障碍难以克服吗？我要不要克服？我一定要克服吗？

（六）注意事项

（1）希望的目标是通过花少许的时间精力就够得着的，可以实现的，而不是高不可攀的，如完成一项计划或在现在的基础上有所进步等。那种太难实现的目标对指导实际的学习行为往往效果不大，有时甚至还起到反作用。

（2）目标实现要有期限。给自己树立的目标定一个明确的时间期限，比如，短期目标可以以一个星期或一个月为期限，中期目标可以以半个学期或一个学期为期限等。

动力思维是希望理论模型中的动机成分，在整个目标的追求过程中，动力思维成为推动我们开始和保持有效途径以实现目标的心理能量。怀揣梦想，初入大学校园的你，面对陌生的环境和未知的生活是否有很多好奇和期待呢？那些尚未实现的梦想，那些还未到达的远方，是否让你对生活和学习充满了动力呢？时间从来不能阻挡梦想的脚步，有着一份固执的希望和坚持，学会让梦想每天壮大一点点。

活动三：我的大学梦

（一）活动目标

通过活动，让大学生了解自己目前的情况，引导学生规划自己的大学生活，明确自己的目标和梦想。

（二）活动过程

（1）“五个最”。初入大学，到目前为止一定有很多的感受，请根据以下内容，描述进入大学之后的“五个最”。

1）进入大学后最高兴的____

2）进入大学后最满意的____

3）进入大学后最期待的____

4）进入大学后最担心的____

5）进入大学后最困惑的____

（2）我的大学拼图。准备纸和笔，根据自身的实际情况在表3-3中填入相应的内容，这可以帮助你了解大学生活所要规划的内容，同时做好自己的生活规划。

表3-3　我的大学拼图

课程学习	专业发展	人际关系
个人情感	身心健康	休闲生活
自我成长	实践工作	兼职工作

活动四：集体按摩操

（一）活动目标

暖场暖身、让学生放松下来，由紧张的情绪转化到放松开心的状态；通过身体接触增加学生之间的情感交流，促进团体凝聚力的形成。

（二）活动时间

10分钟。

（三）活动准备

一首轻音乐。

（四）活动步骤

（1）播放背景音乐，所有学生围成一个大圆。

（2）按照顺时针方向将双手搭在前面同学的肩膀上，按照太阳穴、耳朵、肩膀、背部的方式依次给对方按摩或者轻捶。

（3）反过来，按照逆时针方向将双手搭在前面伙伴的肩膀上，重复之前的动作。

活动五：生涯幻游

（一）活动目标

让学生看到了未来自己的样子，同时让自己明确该怎么样去做才能缩短与目标之间的距离。

（二）活动时间

40分钟。

（三）活动准备

一段指导语，一首轻音乐，一支笔。

（四）活动步骤

（1）指导老师在轻快的背景音乐下旁白下面的指导语。

小时候，你想过长大后要做什么吗？现在，你的梦想改变了吗？十年后，你是否会依然坚持你的梦想？你将过着怎样的生活？现在，请你选择一个自己认为最舒服、最放松的姿势坐好，我们一起开始一段人生幻游，看看十年后的自己。

坐在时空穿梭机里，你来到了十年后的世界。算一算，你这时几岁了？容貌有什么变化？请尽量详细想象。

清晨，和往常一样，你慢慢睁开眼睛，此时是几点钟？你听到、看到了什么？

现在，你准备起床上班了。一番梳洗之后，你来到衣柜前面换衣服。今天你要穿什么样的衣服外出？换好衣服，你来到了餐厅，早餐吃的是什么？一起用餐的有谁？那你跟他们说了什么话？

接下来，你走出家门，准备前往自己的工作地点。你走到屋外，你回头看看自己的房子，它是一栋什么样的房子？你选择什么样的交通工具出行？

你即将到达工作的地方，这个地方看起来是什么样子的？进入工作的地方，你跟同事打了招呼，他们怎么称呼你？你还注意到哪些人出现在这里？他们正在做什么？

你开始一天的工作。今天的工作内容是什么？跟哪些人在一起工作？午餐时间到了，你将在哪里用餐？跟谁一起？用餐愉快吗？

傍晚，你即将结束一天的工作。下班后，你是直接回家吗？还是和朋友在一起？你通常有哪些休闲娱乐活动？

到家了。家里有哪些人呢？回家后你都做些什么事情？晚餐时间到了，你会在哪里用餐？跟谁一起用餐？晚餐后，你做了些什么？跟谁在一起？

到了就寝时间了。回想一下今天的工作与生活，你过得愉快吗？你希望明天的生活也是如此吗？

好，时空穿梭机又渐渐把我们载回了现在，我们重新回到了现在的教室，和现在的同学在一起。

……

现在，请你从时光隧道慢慢回到当下的生活中，在头脑中仔细回味你在“生涯幻游”中看到的场景，与身边的同学分享下面的话题。

十年后：

我从事的职业是____

我的日常工作内容是____

我的工作职位是____

我居住在____

我的家庭成员是____

我常交往的朋友是____

我的休闲娱乐活动是____

（2）写下对十年后的想象。

____

____

____

（3）思考与分享。

1）在“生涯幻游”中，你有什么感受？

____

____

____

2）在“生涯幻游”过程中，你印象最深刻的画面是什么？

____

____

____

3）十年后，你的生涯角色和现在相比有什么变化？

____

____

____

（4）写下自己的梦想。

十年后你期望自己成为：____

如果你期望成为这样的人，从现在算起：

第九年你需要____

第七年你需要____

第三年你需要____

第二年你需要____

现在你需要____

活动六：追逐梦想

（一）活动目标

让学生抱着对未来的憧憬和向往，放飞自己的梦想，坚定自己的梦想，为梦想脚踏实地勇往直前。

（二）活动时间

30分钟。

（三）活动准备

每个学生一张贴纸和一支笔，地图展板。

（四）活动步骤

（1）先在贴纸上写下自己心仪的工作单位或公司和近期的目标（可以匿名）。

（2）写好的同学自愿和全班同学分享，大声说出自己的心声：“我想要成为××的一员，我可以成为××的一员，我一定能进入××工作。”

（3）将贴纸贴到自己想去的单位或公司总部的省份，感受着自我梦想成真的喜悦。

（4）所有同学选完自己想去的工作城市后，全班同学一起对着地图展板为班级所有人的梦想送去祝福（可以默念或说一句祝福的话）！

（5）最后以合唱《隐形的翅膀》结束本次团辅。

活动七：向着梦想出发

人本主义心理学家马斯洛提出“需要层次理论”，他指出每个人都有自我实现的需要，都希望追随兴趣及内心真实的渴望去生活，发挥自己的潜能，实现自己的梦想，成为自己想成为的人。大学生对未来充满渴望和期待，同时对未来又缺乏足够的思考和信心，内心很迷茫，部分学生觉得生活没意思，缺乏激情、动力和意义。因此，对学生进行梦想方面的激发和指导很有必要。本活动旨在帮助学生激发内心的梦想，让学生敢于表达自己的梦想，并鼓励学生付诸行动！

（一）活动目的

（1）激发内心的梦想，燃起对生活的美好希望。

（2）激励学生充分表达、敢于表达自己的梦想。

（3）激发学生的追梦意识，鼓励学生付诸行动。

（二）活动时间

30～50分钟。

（三）活动准备

课前播放音乐，以PPT呈现自我介绍及课堂约定。

（四）活动步骤

（1）暖身阶段。

猜歌名：播放三首主题为梦想的歌曲，每首歌呈现半分钟，全班同学猜歌名，最后说出这几首歌共同的主题。引出活动主题“向着梦想出发”。

设计意图：通过简单的猜歌比赛导入本活动主题，活跃课堂氛围，激发学生的参与热情。

（2）转化阶段。

梦想指自己希望做到的事或想达到的目标。它是内心的一种渴望，对未来美好的期待。可以是对未来的美好畅想，也可以是成长道路的规划，可以是远大高尚的，也可以只是一件关乎自己想要去做的事。总之可大可小，只要是要通过劳动和努力才能去做到的，就值得被尊重。

设计意图：简单介绍本活动对于梦想的定位。

（3）工作阶段。

1）我的梦想树。

①讲述故事：约翰·戈达德的梦想清单。

②学生探索自己内心的梦想，将自己想做的事一一写在梦想树上。

2）我的追梦之旅。

①观看短片《梦骑士》：五个老人环岛旅行实践梦想的故事。

②师生共同分享曾经实现了的梦想经历及体验。

③引导学生思考自己接下来的追梦之旅。

3）全班分享。

我最想实现的梦想是什么？为什么？我打算如何实现它？

设计意图：激发学生对梦想的向往和渴望，帮助学生树立追梦意识，鼓励学生付诸行动。

（4）结束阶段。

1）教师简单总结。

2）祝福环节：全班同学站起来，接受老师、同学及自己的祝福："祝全体同学梦想成真！"

活动八：心理测试

表3-4为大学生生命价值观问卷，本问卷旨在了解大学生的生命价值观基本情况。请你仔细阅读题目，根据每道题目与你的实际符合程度，在相应的字母上打"√"，每题只选择一个答案，请不要多选或漏选。答案无对错。

A表示完全不同意，B表示比较不同意，C表示不确定，D表示比较同意，E表示完全同意。

表3-4　大学生生命价值观问卷

题项	A	B	C	D	E
1．生命只有一次，应该让它过得有意义					
2．遭遇挫折时，我总是想办法去应对它					
3．我很看重与周围人的关系					

续表

题项	A	B	C	D	E
4. 在生活中我会寻求别人的理解和同情					
5. 我现在努力奋斗，是为了将来能出人头地					
6. 自杀是逃避现实的一种行为，无济于事					
7. 我很难接受投毒杀人事件的发生					
8. 我认为命运掌握在自己的手中					
9. 我拥有良好的同学关系					
10. 人类、动物、植物的生命是不平等的，是有等级的					
11. 我这一生最大的愿望是与自己心爱的人在一起					
12. 遇到挫折时，常想“这不是真的就好了”					
13. 人活着主要是为了让自己快乐					
14. 生命是宝贵的，不能轻易放弃					
15. 看到别人伤害小动物时，我心里很难受					
16. 我努力使自己成为一个对国家和社会有用的人					
17. 我有可以敞开心扉倾诉的朋友					
18. 人生而不平等，所以不管怎么努力都不会成功					
19. 人生的价值在于回报亲人					
20. 常幻想自己有克服困难的本领					
21. 我上大学是为了以后多赚钱					
22. 生命是一切的基础，没有生命一切都是空谈					
23. 我热爱大学生活，对大学生活有激情					
24. 我乐于奉献、勇于付出					
25. 逆境是人生的组成部分，不可抗拒					
26. 我经常会陷入情绪低谷中					
27. 希望自己能让身边人幸福					
28. 我在生活中对困难采取等待观望任其发展的态度					
29. 生命是个过程，不要过分追求结果					
30. 对生活总是充满了信心和热情					
31. 我希望通过努力学习的方式取得事业的成功					
32. 我相信办法总比困难多					
33. 人类的存在就是尽量地生存下去					
34. 促进人类的进步和发展是我的最终目标					
35. 生命是美好的					
36. 对未来生活有着很多美好的憧憬					

续表

题项	A	B	C	D	E
37．我会认真地做好该做的每件事					
38．我会理智地应对困境					
39．我的生命注定与苦恼相伴					
40．尊重其他生命体，也是对自己生命的尊重					
41．我在生活中会主动地关心他人					
42．我会制定一些克服困难的计划并按计划去做					
43．生命中注定要经历磨难					
44．我会极力地说服他人同意我的观点					
45．我常与朋友一起讨论解决问题的办法					
46．我的生活总是被命运所左右					
47．我在生活中很少抱怨别人					
48．我认为自己的命不好					
49．我能积极影响他人的思维方式和努力方向					
50．无论我怎么努力也无法改变					
51．我做事情很认真，追求完美					
52．我注定不是一个有出息的人					
53．做什么事情我都是积极投入					

该量表包括生命价值目标、生命价值过程和生命价值评价三个维度，共53个条目，其中生命价值目标包括个人取向（包括5、11、13、21题，共4个条目）和社会取向（包括1、3、16、19、27、34题，共6个条目）2个因子；生命价值过程包括主动解决（包括2、4、9、17、24、25、31、32、37、38、41题，共11个条目）、努力投入（包括42、45、47、49、51、53题，共6个条目）、幻想退避（包括12、20、28、44题，共4个条目）3个因子；生命价值评价包括积极乐观（包括6、7、8、14、15、22、23、29、30、35、36、40、43题，共13个条目）和消极宿命（包括10、18、26、33、39、46、48、50、52题，共9个条目）2个因子。量表采取5级正、反向计分法，其中个人取向、社会取向、主动解决、努力投入和积极乐观5个因子为正向计分，幻想退避和消极宿命2个因子为反向计分，最高分为5分，最低分为1分。

结果解释：个人取向分值越高，表明大学生越追求个人成就；社会取向分值越高，表明大学生越注重社会评价和责任等；主动解决分值越高，表明大学生越积极想办法解决问题等；努力投入分值越高，表明大学生越能积极行动等；幻想退避分值越高，表明大学生越不幻想退避，越努力地去克服困难；消极宿命分值越高，表明大学生越不消极宿命，越对生活充满信心和希望；积极乐观分值越高，表明大学生越积极乐观，大学生越珍爱生命、热爱生活。

任务3　增强韧性

【任务描述】

1．了解心理韧性的概念
2．进行心理韧性测试
3．进行提高社会支持的心理训练
4．了解认知疗法ABC理论
5．进行认知疗法的活动

【任务目标】

1．认识并了解心理韧性的内涵
2．通过心理韧性测试了解自己的韧性
3．认识认知疗法ABC理论
4．通过开展心理训练提高社会支持和提升认知

增强韧性

【知识链接】

心理韧性即个体在面临生活逆境或重大压力时的良好适应，是一种抗挫折和压力的应对恢复能力，是人类一种与生俱来的潜能。人的外部资源的有效支撑会为个体的心理发展需要提供相应的满足，会促使内部资源发展，其中就包括合作、移情、自我效能感、问题解决、目标与志向、自我察觉和自我意识等，而这些内部资源的发展，促进其心理、社会和学业表现良好，免受危险因素的影响，这就构成了个体的心理韧性。

一、心理韧性的概念

韧性这个词最初被用在自然科学中，如在物理学科中，回弹被认为是物体压应变体的特性。例如金属凭借其高屈服强度和低弹性模量，使得受外力作用变形后恢复其尺寸和形状，而不是被折断，意思是回弹（跳回来）后延伸具有能够承受困难的情境，或者迅速从其中恢复的意思。韧性水平较高的个体一般具有以下的特点：高能量、乐观、好奇等，并且能够把问题分离和概念化。心理韧性的还包括诸如意志力、积极情绪等相关保护因素。心理韧性是人们在应对压力和逆境时的个体差异

的积极方面。心理韧性基于两个核心概念：逆境和积极适应。要证明个体有较高水平的心理韧性水平，那么就要证明个体必须经历逆境或消极的环境，并且必须发展出积极适应，也就是说经历逆境和积极适应是高韧性者必不可少的两个因素。逆境被认为是心理韧性的主要前因，而积极适应是心理韧性的主要结果。大多数人一生中至少要经历过一件潜在的创伤性事件，所以心理韧性实际上应该是普遍性的，个体在生活中的日常琐事，或者甚至积极事件中的反应都可能会是衡量心理韧性的标准。学业成功或良好的人际关系也是个体具有较高的心理韧性的表现。

二、心理韧性的测试

请根据你自己的实际情况回答表3-5中的问题。每题只选一个答案，且没有对错之分，只需按照你的实际情况选择，请在相应的数字上打“√”。

表3-5　心理韧性的测试

题目	完全不符合	不完全符合	基本符合	非常符合
1．我对朋友很慷慨	1	2	3	4
2．被惊吓时我能很快地摆脱并从中恢复过来	1	2	3	4
3．我乐于应付新的和非同寻常的局面	1	2	3	4
4．我通常能给人们留下良好的印象	1	2	3	4
5．我乐于去品尝从来没有吃过的新食品	1	2	3	4
6．家人或朋友认为我是一个精力充沛的人	1	2	3	4
7．我乐于选择不同的办法来到达我所熟悉的地方	1	2	3	4
8．我比大多数人更好奇	1	2	3	4
9．我遇到的大多数人是可爱的	1	2	3	4
10．行动之前，我总是周密地考虑一些事情	1	2	3	4
11．我喜欢做一些新颖、不同凡响的事情	1	2	3	4
12．我的日常生活中充满了我感兴趣的事情	1	2	3	4
13．我乐于将自己描述为个性很强	1	2	3	4
14．我能很快并恰当地从对某人的气恼中摆脱出来	1	2	3	4

结果解释：全部得分越高，表示心理韧性越高，当遇到压力事件时，个体越容易恢复。

【任务实施】

请同学们根据给出的增强韧性的心理训练方案完成各项测试和活动。

心理训练一

活动一：社会支持

（一）了解你的社会支持

人的社会属性决定了人是群体动物，人需要和其他人交往，更需要来自其他人的支持，这在心理学角度通常称为“社会支持”。研究发现，社会支持是个体应对压力的重要资源。社会支持从性质上可以分为两类，第一类为客观上的支持，这类支持是可见的、实际的，包括物质上的直接援助、同事或组织、团体的交际等所获得的程度。第二类是主观上的支持，这类支持是个体体验到的或情绪上感受到的支持，指的是个体在社会环境中受尊重、被支持与理解的情绪体验和满意程度，与个体的主观感受密切相关。我国学者肖水源还提出了社会支持的第三个维度：支持利用。他认为，主观与客观支持并不能反映个体社会支持的全貌，个体对社会支持的利用存在差异，有些人会获得支持，但是他们不会接受支持，反而会拒绝别人的帮助。良好的社会支持有利于人们的身心健康，社会支持可以对压力状态下的个体提供一定的保护，就是说社会支持可以起到对压力的缓冲作用。当个体处于高压状况下，而个体自身的能力已经无法应对时，这种压力就被称为劣性压力。个体在劣性压力状况下，往往生理和心理会出现问题。社会支持可以让个体对压力进行再次评价，从而遏制不良反应或产生有利的调整反应，降低压力的反应症状或直接影响生理过程，以此达到压力的缓冲效果。

（二）心理自测——社会支持评价量表

下面的问题用于反映你在社会中所获得的支持，请按各个问题的具体要求，并根据你的实际情况来回答。谢谢您的合作。

（1）你有多少关系密切，可以得到支持和帮助的朋友个数是（　　）。（只选一项）

A. 一个也没有　　B. 1～2个

C. 3～5个　　D. 6个或6个以上

（2）近一年来你（　　）。（只选一项）

A. 远离家人，且独居一室

B. 住处经常变动，多数时间和陌生人住在一起

C. 和同学或朋友住在一起

D. 和家人住在一起

（3）你和同宿舍的人（　　）。（只选一项）

A. 相互之间从不关心　　B. 遇到困难时会稍微关心

C. 有些同宿舍的人很关心你　　D. 大多数同宿舍的人都很关心你

（4）你和同学之间（　　）。（只选一项）

A．相互之间从不关心　　B．遇到困难时会稍微关心

C．有些同学很关心你　　D．大多数同学都很关心你

（5）家庭成员的支持和照顾（在表3-6合适的框内打“√”）。

表3-6　家庭成员的支持和照顾

家庭成员	无	很少	一般	全力支持
A．父母				
B．兄弟姐妹				
C．恋人				
D．其他成员（如嫂子）				

（6）在过去你遇到急难情况时，曾经得到的经济支持和解决实际问题的帮助的来源有（　　）。

1）无任何来源

2）下列来源：（可多选）

A．恋人　　B．父母及其他家庭成员　　C．朋友

D．亲戚　　E．同学　　F．老师

G．学校组织或社团等　H．党团组织等　　I．其他（请列出）

（7）在过去你遇到急难情况时，曾经得到的安慰和关心的来源有（　　）。

1）无任何来源

2）下列来源：（可多选）

A．恋人　　B．父母及其他家庭成员　　C．朋友

D．亲戚　　E．同学　　F．老师

G．学校组织或社团等　H．党团组织等　　I．其他（请列出）

（8）你遇到烦恼时的倾诉方式是（　　）。（只选一项）

A．从不向任何人倾诉

B．只向关系极为密切的人倾诉

C．如果朋友主动询问你会说出来

D．主动倾诉自己的烦恼，以获得支持和理解

（9）遇到烦恼时的求助方式是（　　）。（只选一项）

A．只靠自己，不受别人的帮助　　B．很少请求别人的帮助

C．有时请求别人的帮助　　D．有困难时经常向别人求助

（10）对于团体（如学生社团组织、学生会、班集体等）组织活动，你（　　）。（只选一项）：

A．从不参加　B．偶尔参加　　C．经常参加　　D．总是参加

评分方法：第1～4题和第8～10题，每题只选一项答案，选择A、B、C、D项分别记1、2、3、4分；第5题分别根据A、B、C、D四项计算总分，每项从无到全力支持分别记1～4分；第6、7题如回答“无任何来源”则记0分，回答“下列来源”者，有几个来源就记几分。

评分标准：分数越高，社会支持度越高，一般认为总分小于20者，获得社会支持较少，20～30分者具有一般社会支持度；30～40分者具有满意的社会支持度。

活动二：我们一起抓手指

爬山图

（一）活动目标

通过团体热身，形成团队的互动氛围。

（二）活动内容

组织者说出一段包含“压力”的话，当听到“压”字的时候，每个人的左手要尝试去抓住左边人的食指，同时右手食指要快速逃离右边的人的掌心，最后看谁抓到的手指最多。

（三）活动时间

10分钟。

（四）活动所需道具

无。

（五）活动步骤

（1）所有成员围成圆圈，左手掌心向下，伸出右手食指放在右边的人的掌心下。

（2）组织者念出这段有关压力的文字，当听到“压”字的时候，每个人的左手要尝试去抓住左边人的食指，同时右手食指要快速逃离右边的人的掌心，最后看谁抓到手指的次数最多。

（3）念完之后统计大家抓到手指的次数，抓的次数多的同学可以提出一个要求让抓的次数少同学去完成。

关于压力的文字：

压力伴随着人的一生，在不同的阶段，人们都会承受不同的压力，有时压力我们能感受到，有时感觉不到，但压力从来都没有消失过。孩子有压力，大人有压力，男人有压力，女人也有压力，同样的压力每个人的反应也会不同。有的人喜欢压力，有的人不喜欢压力，承受压力并不完全是一件坏事，适度的压力会成为大学生成长的动力，过大或过小的压力都会使人的身心处于不平衡的状态，压力管理不是彻底消除压力，而是把压力水平控制在适度范围内，快乐的压力、痛苦的压力、空闲的压力、负荷过重的压力都是压力，我们要学会适应压力，化压力为动力，让自己的人生幸福美满。

（六）学生分享

有同学表示这个活动看上去容易，但有时候还是被别人抓住了，整个过程很开心，也很放松。

（七）活动要点

组织者可以先让大家练习一下，在说那段有关压力的文字时注意节奏的变化，这样可以更好地调动团体气氛。

活动三：三件快乐的事

（一）活动目标

唤醒内心的幸福体验。

（二）活动内容

与小组成员分享过去一周发生在自己身上的三件快乐的事。

（三）活动时间

20分钟。

（四）活动道具

在表3-7中填入过去一周发生在自己身上的三件快乐的事。

表3-7　三件快乐的事

过去一周发生在自己身上的三件快乐的事		分享后的感受
快乐的事1		
快乐的事2		
快乐的事3		

（五）活动步骤

（1）请所有成员回忆过去一周之内发生在自己身上的三件快乐的事，并与小组成员分享各自的三件快乐的事。

（2）小组讨论分享好事之后，自己心里有何感受？

（3）班级分享。

（六）学生分享

（1）有同学表示讲完发生在自己身上的三件快乐的事后，又重温了当时那种美好的感觉，觉得很幸福。

（2）有同学反映他发现每个人分享的快乐的事都不一样，有很重要的事，也有很小的小事，所以生活中并不缺少美，缺少的是发现美的眼光和感受美的心。

（七）活动要点

组织者总结的时候可以把重点放在分享后内心幸福感提升的方面，还可建议大家通过每天记录三件快乐的事来保持这种幸福的心境。

（八）课后任务

在表3-8中填入今后一周每天发生在自己身上的三件快乐的事。

表3-8　今后一周的快乐的事

今后一周每天发生在自己身上的三件快乐的事	
第一天	快乐的事1
	快乐的事2
	快乐的事3
第二天	快乐的事1
	快乐的事2
	快乐的事3
第三天	快乐的事1
	快乐的事2
	快乐的事3
第四天	快乐的事1
	快乐的事2
	快乐的事3
第五天	快乐的事1
	快乐的事2
	快乐的事3

续表

今后一周每天发生在自己身上的三件快乐的事	
第六天	快乐的事1
	快乐的事2
	快乐的事3
第七天	快乐的事1
	快乐的事2
	快乐的事3

活动四：社会支持系统

（一）活动目标

帮助学生梳理自己的社会支持系统。

（二）活动内容

在纸上画出自己的社会支持系统。

（三）活动时间

40分钟。

（四）活动道具

每人准备一张白纸，每组准备1～2盒画笔。

（五）活动程序

冥想指导语

（1）放松冥想。组织者念出如下指导语：

> 请大家闭上眼睛，调整坐姿，尽量让自己坐得舒服，慢慢地吸气，然后慢慢地呼气，尽量让自己全身放松，放松头部，放松肩部，放松双臂，放松腰部，放松大腿，放松小腿，让整个身体都松弛下来，让自己的心平静下来。现在请你想一想，在你成长的历程中，当你遇到困难、处于低谷、感受到压力时，谁可以陪伴你、关心你、理解你、支持你、帮助你。请你尽量去想一想，人生总有遇到困难的时候，总有承受压力的时候，在这样的时候，谁会给你支持，想一想你的社会支持系统都是由哪些人组成的，想到他们时你内心的感觉又是什么，现在请大家睁开眼睛。

（2）用绘画的方式画出你的社会支持系统。不用担心，画得好不好，只要能把内心的感受画出来就可以了。

（3）把自己画的社会支持系统与小组成员一起分享。

（4）班级分享：把自己的感悟与所有成员分享。

（六）学生分享

学生们表示画完之后内心很有力量，也很感恩他们能陪在我的身边。

（七）活动要点

利用放松冥想让大家的心静下来，慢慢地回忆自己的社会支持系统并画出来。

活动五：减压能量站

（一）活动目标

帮助学生发现自己的减压能量站。

（二）活动内容

完成减压能量站的练习。

（三）活动时间

30分钟。

（四）活动道具

每人一张《减压能量站》纸笔练习。

减压能量站

1. 你最喜欢吃什么？（至少列出3种）

____

2. 你最喜欢什么运动？（至少列出3种）

____

3. 你的兴趣爱好是什么？（至少列出3种）你有时间去做这些事情吗？

____

4. 你每天睡几小时？对你的睡眠质量你满意吗？

____

5. 你有可以分享内心感受的闺蜜、兄弟或知心朋友吗？

____

6. 你喜欢你的专业吗？你觉得大学学习给你带来了快乐吗？

____

7. 你喜欢你自己吗？如果十分是满分，你给你自己打几分呢？

____

（五）活动步骤

（1）组织者发给每人一张《减压能量站》的纸笔练习。

（2）要求成员在仔细思考后，完成纸笔练习。

（3）小组分享。

（4）全班分享。

（六）学生分享

同学们表示通过这个活动可以发现自己哪些地方做得比较好，哪些地方还有待加强，好的地方继续保持，欠缺的方面可以有意识地加强一下来给自己充电。

（七）活动要点

组织者要引导大家评估自己的生活状态，完善自己的减压能量站。

活动六：我的秘密花园

（一）活动目标

帮助学生整合自己的所有支持系统，提升内心能量。

（二）活动内容

在纸上画出自己的秘密花园，这是一个只属于自己的花园，并设计秘密花园的环境、人物、物体等设置。

（三）活动时间

40分钟。

（四）活动所需道具

每人准备一张白纸，每组准备1～2盒画笔。

（五）活动步骤

（1）要求大家在白纸上画出自己的秘密花园。

（2）给秘密花园取一个自己喜欢的名字。

（3）画出秘密花园里面的环境、人物、物体等，把你所能想到的都画进去。

（4）思考问题：有哪些人住在秘密花园里面？他们在里面做什么？

（5）把你的理想、价值观也写在秘密花园里面。

（6）对压力和压力带来的不好的影响命名。

（7）当这些压力以不好的影响出现在秘密花园时，你有什么武器应对它？

（8）画出之后在组内进行分享。

（9）在班级中分享自己的感受。

秘密花园名字：

（六）学生分享

学生们反映刚开始画时觉得有点难，后面越来越清晰，秘密花园里面的内容也越来越具体和丰富，看着自己的秘密花园，就觉得人生充满了幸福和希望。

（七）活动要点

引导学生去画出自己理想中的秘密花园，然后把理想与现实相结合，在秘密花园中画出自己所有的支持系统。

活动七：聆听歌曲

（一）活动目标

静下心来享受音乐，唤醒心中的幸福与感恩。

（二）活动内容

聆听《感恩世界》的歌曲。

（三）活动时间

5分钟。

（四）活动道具

《感恩世界》歌曲。

（五）活动步骤

（1）请所有成员闭上眼睛，拥抱自己，给自己支持的力量，用心聆听歌曲。

（2）音乐播完后，请成员睁开眼睛，用目光向小组成员表达感谢，谢谢他们对自己的支持与陪伴。

（六）学生分享

同学们表示听完歌曲内心很感动，觉得能参加这个团体非常幸运，认识大家也非常开心。

（七）活动要点

结束团体时，可以邀请小组成员互相握手，感谢伙伴对自己的支持和接纳。

心理训练二

一、了解认知疗法ABC理论

美国心理学家埃利斯提出了情绪的ABC理论，当人们碰到不好的事件（Adversity），最自然的反应就是不断想它，这些思绪很快凝聚成想法（Belief），这些思绪会变成习惯，人们不会意识到这些想法，这些想法又称为“自动化思维”，由人们的归因方式所决定的。而这些想法并不是待在那里不动的，它们会引起后果（Consequence），积极的情绪会引起积极的后果，消极的情绪会引起消极的后果。积极的情绪能产生更全面的注意力、更多的创造性思维以及更全面的思维。消极情绪会产生更狭窄的注意力、更具批判性的思维以及更多的分析性思考。

积极心理学之父马丁·赛利格曼提出了解释风格的三个维度——永久性、普遍性和人格化。悲观的人相信发生在他身上的坏事或者霉运是永久的，坏事永远会影响着他的生活，而乐观的人相信厄运的原因是暂时的。乐观的人将好运归因于人格特质、能力等永久性的因素，而悲观的人把好运看成是与暂时性因素相关的，例如，情绪、努力等。相信好运是永久的人在他们成功之后往往会更加努力，而把成功看成暂时的人常常在成功后就放弃了，因为他们相信成功只是侥幸。

普遍性特点的解释风格会在许多不同的情境中造成无助感，而特定性的解释风格只会在某些问题领域内造成无助感。乐观者认为坏事情的发生是有其特定原因的，而好事情的发生会加强他对所做的每一件事的信心。悲观者认为坏事情的发生是因为普遍的原因，而好事情的发生是由于特定的原因。

人们是否抱有希望是由解释风格的两个维度所决定的——普遍性和永久性。为不幸的事找到暂时的和特定的原因是获得希望的艺术。暂时的原因限制了无助的时间，而特定的原因将无助限制在特有的情境中。反过来讲，永久性使无助感延伸到未来，而普遍性使无助感扩散到生活的各个层面，从而导致了绝望。对挫折采取永久性和普遍性解释风格的人容易在压力下崩溃，这个崩溃是长期的，而且是全面的。

最后一个解释风格是人格化，当不好的事情发生时，人们可以怪罪自己（内在化），也可能怪罪旁人或环境（外在化）。人格化控制了人如何看待自己，以及对自己的感觉。人在失败时，如果怪罪自己，那他们自视很低，认为自己一文不值，没有才干也不讨人喜欢。怪罪旁人的人比较不会失去自尊，总体来说，他们比前者更喜欢自己。但这里并非推崇大家都把过错推到别人身上，不为自己的行为负责，而是建议大家在不好的事情发生的时候，客观地分析责任与过错，不要把所有的错都揽在自己身上，去负不需要负的责任，而抑郁的人常常就会这样。

持有悲观的解释风格的人，往往会有以下四方面的困难。第一，容易抑郁；第二，没有发挥自己的潜能；第三，健康、免疫机能较差，而且年纪越大，健康情况会越差；第四，生活没有情趣，生活灰暗。

有两种方法可以改变悲观的解释风格，第一是想办法转移自己的注意力，去想一些别的事情；第二就是反驳它。从长远来看，反驳更为有效，因为有效的反驳能阻止那些想法再次出现，这样，在遇到同样的情境时，就不会再抑郁。

反驳（Disputation）有四个重要途径，即举证、其他可能性、心理暗示、用处。经过反驳，会有新的激发（Energization）产生，在练习的时候可以按ABCDE的方法来进行，A代表不好的事，B代表想法，C代表后果，D代表反驳，E代表激发。学习乐观的最主要的工具就是反驳，在生活中去练习反驳头脑中的自动化解释。一旦发现自己心情不好、很焦虑或生气的时候，你就问："我对自己说了些什么。"有的时候你的想法是对的，在这种情况下，努力思考如何可以改变这种情境，并且防止不好的事恶化成灾难。通常情况下，你的想法是扭曲、不正确的，这时就要去挑战它，不要让它控制你的情绪和生活，习得性乐观很容易坚持下去，一旦养成了反驳消极想法的习惯，你就会觉得快乐了很多。

二、活动设计

活动一：雨点变奏曲

（一）活动目标

放松身体，促进身体血液循环，调动情绪。

（二）活动内容

让每个成员学习用身体发出不同的声音，最后跟着老师的指导语用身体做出相应的动作或声音完成雨点变奏曲。

（三）活动时间

5分钟。

（四）活动所需道具

无。

（五）活动步骤

（1）根据表3-9向成员解释每个词语代表的动作，并一起练习。

表3-9　指导语及动作

指导语	动作
刮风	双手手掌相互摩擦，搓手，同时嘴里发出“呼呼呼”的声音
小雨	用右手的食指和中指快速敲左手手掌
中雨	用右手的食指、中指、无名指、小拇指快速敲左手手掌
大雨	快速拍手
雷鸣暴雨	快速拍手，同时双脚轮流跺地面
狂风暴雨	快速拍手，双脚轮流跺地，同时嘴里发出“呼呼呼”的声音

（2）组织者口述雨点变奏曲指导语，成员跟着指导语做出相应的动作。

> 乌云密布，一道闪电划过，慢慢开始刮风了，又一道闪电，又一阵狂风（要有渐强渐弱的变化，下同），小雨噼噼啪啪地下来了，行人慌忙躲避。很快，小雨变成了中雨…变成了大雨…又是一阵雷声。暴风雨来啦！又是一阵雷声，大雨倾盆，雨渐渐地变小了，变成中雨，变成小雨……一阵又一阵雷声，大雨又降临了！但没多久，（组织者双手猛地一收）雨过天晴啦，大家脸上都露出了灿烂的笑容。

（六）学生分享

（1）同学们表示这个活动很好玩，很放松，全身都热起来了。

（2）有人说活动时教室里好热闹，整个过程也很搞笑，最后看到大家的笑容觉得特别美好。

（七）活动要点

组织者先和大家讨论如何用动作发出不同的声音，鼓励同学们发明不同的发出声音的办法，然后一起完成雨点变奏曲。

活动二：手语操——阳光总在风雨后

（一）活动目标

活动身体，用心体会歌词的含义。

（二）活动内容

组织者带领同学们完成《阳光总在风雨后》手语表演。

（三）活动时间

10分钟。

（四）活动道具

《阳光总在风雨后》音乐伴奏及手语教学视频。

（五）活动步骤

（1）组织者教会成员每句歌词的手语动作。

（2）播放音乐，由组织者带领大家跟随着音乐做出相应的手语动作，直至音乐结束。

（六）学生分享

（1）同学们表示听完音乐，心里很平静，一边听一边做动作也很有趣。

（2）有人反馈《阳光总在风雨后》这首歌很励志很温馨，听完以后心里很感动。

（七）活动要点

组织者要提前学会并熟练手语动作，跟成员简单解释手语动作的含义后，就可带领大家一起完成。

活动三：快乐与压力

（一）活动目标

梳理生活中的快乐和压力源，了解生活对自己的意义。

（二）活动内容

完成《快乐与压力》纸笔练习后在小组中分享，小组也可到班级中进行分享。

（三）活动时间

30分钟。

（四）活动道具

《快乐与压力》纸笔练习（见表3-10）。

表3-10　大学生活中的快乐与压力

专业班级：________________
参加社团或兼职等：________________
选择该社团或兼职的原因：________________ ________________
学习中满足和喜悦来源：________________ ________________
工作中满足和喜悦来源：________________ ________________
学习中烦恼与压力的来源：________________ ________________
工作中烦恼与压力的来源：________________ ________________

（五）活动步骤

（1）组织者发给每人一张《快乐与压力》的纸笔练习。

（2）要求成员在仔细思考后，完成纸笔练习。

（3）小组分享。

（4）全班分享。

（六）学生分享

通过活动学生们比较客观理性地审视了自己的生活，感觉很充实，也比较满意。

通过纸笔练习，学生可以提醒自己在前进的路上不忘初心，化压力为动力，理清了压力源，感觉它也没想象的那么复杂了。

（七）活动要点

组织者需引导大家看到生活和工作中的两面性，既有快乐也有压力，理清快乐和压力的意义，以及找出应对压力的方法。

活动四：成长足迹

（一）活动目标

在过去的经历中挖掘自己的能量，增强自信，能够轻松面对压力。

（二）活动内容

完成《成长足迹》纸笔练习后在小组中分享，小组也可到班级中进行分享。

（三）活动时间

30分钟。

（四）活动道具

《成长足迹》纸笔练习（见表3-11）。

表3-11　成长足迹

时间段	事件	感受
小学		
初中		
高中		
现在		

（五）活动步骤

（1）组织者发给每人一张《成长足迹》纸笔练习。

（2）要求成员在仔细思考后，完成纸笔练习。

（3）小组分享。

（4）全班分享。

（六）学生分享

（1）同学们表示这个活动感觉很不错，觉得自己很棒！

（2）同学们表示这个活动增强了自信，每一次遇到困难时都能挺过来，相信自己在未来也会不断地战胜困难，勇往直前。

（七）活动要点

组织者可以参与到某个小组里面去分享讨论和引导，然后在班级中进行总结大家的分享。

活动五：我的最爱

（一）活动目标

发现生活中的积极点，发掘动力。

（二）活动内容

完成《我的最爱》纸笔练习后在小组中分享，小组也可到班级中进行分享。

（三）活动时间

30分钟。

（四）活动道具

每人一张《我的最爱》纸笔练习（见表3-12），请列出10件你最喜欢的事情，并评价这10件事情对你的意义。

表3-12　我的最爱

事件	意义（英文代号）
1.	
2.	
3.	
4.	
5.	
6.	
7.	
8.	
9.	
10.	

英文代号表示这10件事对你的意义，请选择下列合适的英文代号：

A．3年前没有这个想法　　B．3年前已有这个想法

C．要冒险　　D．要放弃某些东西

E．有人反对　　F．需要极大信心

G．最优先的　　H．晚年才做

I．与我的人生观有关　　J．这是原则

（五）活动步骤

（1）组织者发给每人一张《我的最爱》纸笔练习。

（2）要求成员在仔细思考后，完成纸笔练习。

（3）小组分享。

（4）全班分享。

（六）学生分享

（1）同学们写完之后很想尝试一直想做但又没做的事情。

（2）这个活动让同学们更真实地面对自己，了解心底最深处的想法，而不是人云亦云，随波逐流。

（七）活动要点

组织者可以参与到某个小组里面去加入分享讨论并进行引导，然后在班级中进行总结。

活动六：迎接挑战

（一）活动目标

理清自己的减压策略，直面问题，迎接挑战。

（二）活动内容

组织者带领大家进行冥想放松，然后在组织者指导下完成绘画练习。

（三）活动时间

30分钟。

（四）活动所需道具

每人一张A4纸；每组一盒画笔；一首轻音乐。

（五）活动步骤

（1）组织者发给每人一张A4纸。

（2）播放轻音乐，念出如下指导语，引导成员进行放松。

请大家闭上眼睛，放松身体，进入放松和平静的状态，调节呼吸，深深吸，慢慢呼，请你用鼻腔吸气，用口腔呼气，深深地、慢慢地吸，吸足，屏住，慢慢地呼气。请你想象，在吸气的时候把大自然新鲜的空气、灿烂的阳光、美好的景色、愉悦的心情、舒服的感觉，吸入我们的肺部，蔓延到全身。在呼气的时候，请你想象，把身体的内疲劳、病痛、不舒服的感觉和不愉快的心情，通过呼气把它排出体外，你会感觉到越来越轻松，越来越宁静。请你继续保持这种轻松宁静的感觉。现在请你想象跟着我一起离开教室，来到海边，大海广阔无垠，看不到边际，感觉很舒畅。蓝蓝的天，白白的云，海鸥飞翔，你站在沙滩上，清凉的海风吹拂你的脸颊，凉凉的海水拍打你的脚面，请你享受这种清新凉爽的感觉，全身都放松下来。好，现在请你想象跟我一起离开大海，回到课堂，坐在小组的位置上，继续保持宁静、放松，当我数到3时，请你慢慢睁开眼睛，你准备好了吗？1，静静地享受放松的感觉；2，让轻松的感觉渗透在你的全身，进入你的每一个细胞；3，现在请你慢慢睁开眼睛，我们回来了，现在请拿出绘画纸。

（3）请大家画四个部分，在第一部分中画出此时此刻的状态，可以用线条、图形、抽象、具体、人物、大自然的任何东西来表达此时此刻的状态，不用考虑画得像与不像，无关紧要，只要能把现在的状态表达出来就可以了。在第二部分中，画出现在生活中，面对和承受的最大的压力事件，用绘画形式画出来，越具体越好。在第三部分中，想想现在面临的这个压力事件，有哪些方法和途径去解决它、处理它，把你能想到的方法和途径都画在第三部分。在第四部分中，画出运用这些方法和途径解决了这个压力事件后，你的生活状态。

第一部分

第二部分
第三部分
第四部分

（4）小组分享：通过这个练习，有什么启发和收获？

（5）班级分享。

（六）学生分享

（1）学生们反映完成绘画后觉得思路清晰了很多，而且对未来充满希望。

（2）同学们说发现压力也没那么可怕，都是可以解决的，现在只差去行动了。

（七）活动要点

通过冥想让大家静下心来，感受自己的状态，认真去体会面对压力、解决压力的过程，提升心理能量。

活动七：齐声阅读

（一）活动目标

通过阅读和自我反思，学习接纳自己在生活中的各种感受，对自己更加宽容，也懂得尊重别人的独特和感受。

（二）活动内容

每个人认真回忆今天的活动，在小组内分享自己的体会，并对其他组员说一句自己的肺腑之言。

（三）活动时间

10分钟。

（四）活动道具

阅读材料：《爱自己》《特别的你可以》和舒缓的背景音乐。

爱自己

你能留给岁月的，岁月能留给你的，除了一个最好的自己，别无他物。

爱自己，是不责备自己的过错；

爱自己，是不使自己将痛苦笼罩心灵；

爱自己，是不苛求自己；

爱自己，是不用他人的错误惩罚自己；

爱自己，是不用厌恶的眼光看待自己；

爱自己，是不妄自菲薄；

爱自己，是不拒绝友善的帮助；

爱自己，是不性急，是忍耐和等待；

爱自己，是不轻视自己的健康；

爱自己，是不害羞，对自己说“我爱你”；
爱自己，是不拖沓行事，是说做就做。

特别的你可以

你可以感到惧怕，也可以感到担忧；
你可以变得勇敢，也可以变得懦弱；
你可以感到焦虑，也可以保持平静；
你可以感到斗志昂扬，也可以感到情绪低落；
你可以把情绪流露，也可以将它们紧紧收藏；
你可以收起耳朵不去聆听，也可以竖起耳朵细细倾听；
你可以闭上眼睛不去观看，也可以睁开双眼尽情观察；
你可以享受独处，也可以与朋友共处；
你可以感到难过，也可以接受别人的同情；
你可以享受快乐，也可以感到悲伤；
你可以笑，也可以哭；
你可以要求他人帮助，也可以给别人提供帮助；
你可以自私，也可以忘我；
你可以提出问题，也可以慢慢学习；
你可以享受生命，也可以预备死亡；
你可以拥有希望，也可以编织梦想；
你可以拥有与别人不同的感受，也可以改变自己迁就他人；
你可以要求他人拥抱你，也可以拥抱他人；
你可以去爱，也可以被爱；
因为我们每个人都是特别的，
所以，你可以做任何事情，拥有任何感受。

（五）活动步骤

（1）全班齐声阅读《爱自己》《特别的你可以》两篇人生箴言。

（2）与组员分享自己的感受和自己的理解。

（3）班级分享交流。

（4）老师总结，强调保密，结束活动。

（六）学生分享

（1）阅读后同学们表示要好好爱自己，包容自己，这样才可以给予爱。

（2）有人说今天的活动让我全身都充满了能量，对未来也充满了信心。

（七）活动要点

结束团体活动时，可以邀请小组成员互相握手，感谢伙伴对自己的支持和接纳。

任务4　拥有自信

【任务描述】

1．了解自我效能感的重要性

2．了解自我效能感的五大来源

3．知道自我效能感对大学生发展的作用及作用机制

4．进行自我效能感的测量

5．进行自信心提升训练

6．进行冥想放松训练

7．进行团体辅导训练

【任务目标】

1．了解自我效能感相关的理论知识

2．能够正确评估自己的自我效能感

3．提升自信心

拥有自信

【知识链接】

我们日常所说的自信，对应的心理学名词是自我效能感（Self-efficacy）。它由阿尔伯特・班杜拉（Albert Bandura）于1977年首次提出，是指人对自己能否成功从事某一行为的主观判断。自我效能感是自我做某特定工作时对自己能力的一种具体判定，具有未来导向。当个体确信自己有能力进行某一活动时，就会产生高度的自我效能感，并努力实施该活动。

一、自我效能感对个体的影响

（一）对个体的思维判断产生影响

自我效能感对个体的最终行为的影响是通过对个体思维判断的影响而间接产生的，它会影响个体在进行某项活动时付出努力的大小，以及当所进行的活动产生困难和阻碍时会不会继续坚持下去以及坚持的程度。当出现这种情况的时候，自我效能感强与不强的个体就会出现明显的不同表现。自我效能感较强的个体，当遇到这种情况的时候，不会被困难所吓倒，而是付出自己相对于以前更大的努力去克服当

前的困境；自我效能感相对较弱的个体在面对相同情况的时候，会怀疑自己，不相信自己能够解决当前的困难，在怀疑自己的情况下，因为对未来的活动没有信心，便会减少自己的努力，甚至最终会放弃自己正在进行的行为，最后就会导致结果不好或者是最终的结果不尽如人意。

（二）对人们的行为动机产生影响

自我效能感会影响人们的行为动机。自我效能感决定着人们将付出多大努力以及在遇到障碍或不愉快的经历时，将坚持多久。自我效能感强的人也就是对自己的能力比较自信的人，他们确定的目标往往会比较高，因为他们相信自己的能力，认为自己可以完成这样较高的目标，自我效能感越强，他们的努力越具有力度，越能够坚持下去。而自我效能感不强的人，他们对自己的能力不自信，害怕失败，在确定自己目标的时候会考虑到多种情况，因此他们的目标往往不会很高。并且当被困难缠绕时，那些怀疑其自身能力的人会放弃努力；而具有很强自我效能感的人则以更大的努力去迎接挑战。

（三）对人们的行为选择产生影响

在日常的生活中人们要不断地进行选择，对自我效能感的判断会一定程度上影响人们的行动计划和决定行动可能持续的时间。通常情况下，人们一般不会去选择那些认为已经超出了自己能力范围之外的任务，他们通常会选择自己有能力做到的任务。不论哪一种因素对个体的行为发生作用产生影响，都最终会对个体的成长发展产生一定的影响。在个体行为过程中，对个体行为产生因素的影响会有积极的，也会有消极的，总体来说，一些积极的自我效能感因素会促使个体最终产生积极的结果，促进个体能力的提高。

总之，自我效能感对个体最终行为结果的影响是通过对个体的思考方式、所进行活动的动机以及行为定位等方面的影响而间接产生作用的。自我效能感比较强的人，他们对自己的能力有足够的自信，因此行为过程中会做出积极的行为选择，会付出很大的努力去完成，即使行为过程中出现困难，也会以积极的心态去面对，不会轻言放弃。自我效能感不强的人，他们对自己的能力判断不准确，因而在作出行为选择的时候，不知道哪些行为是在自己能力范围之内的，哪些是超出自己能力范围的，因此在行为过程中容易出现各种各样的问题与失误，他们在面临困难时容易退缩，就会容易导致行为的失败，因此，自我效能感对人们行为的最终结果具有重要的影响。对自我效能概念的理解，应该注意：自我效能的本质是个体对自己能力的主观感知；自我效能水平是一个连续体，存在着各种层次的自我效能水平；自我效能是指向未来的，它不是对已经发生事件原因的追溯，而是对未来行为的自信；自我效能不是个体的一种特质，而是一个动态的发展性指标；自我效能感虽然相对稳定，但仍可以通过培训提高。

二、自我效能的来源

（一）直接经验

直接经验即个体通过自己的亲历行为操作而获得关于自身能力的亲历掌握性经验，这也是最有影响力的效能信息源。成功的经验能够提高个人的自我效能感，多次的失败会降低。尤其是在一项任务刚开始就失败时，不能反映出一个人的努力不足或环境不利，容易使人将失败归因于自己的能力不足。

（二）替代性经验

个体通过观察示范行为，经由观察模仿和象征模仿获得的替代性经验对自我效能的形成也有很大影响。看到与自己相近的人成功，能够促进自我效能的提高，增加了实现同样目标的信心；看到与自己相近的人失败，尤其是付出很大努力后的失败，则会降低自我效能感，觉得自己成功的希望也不大。尤其当对自己某方面的能力缺乏真实的判断时，这样的替代性经验的影响力最大。

（三）言语说服

他人的说服性鼓励、建议、告诫、积极暗示以及自我规劝，是加强个体能力信念的一种手段。不脱离实际的言语劝说鼓励可以使个体对自己已有的能力产生积极的信念。

（四）生理和情绪状态

良好的生理和情绪状态能增强个体自我效能水平，特别是在包含身体运动、健康机能和应付应激的活动领域中，其自我效能判断与躯体信息、情绪体验密切相关。如体育竞技，良好健康状况的感知和积极的情绪体验可以提高个体的自我效能，而焦虑、恐惧、压力等会减低自我效能。

（五）其他外部因素

其他外部因素有很多，如外部文化对自我效能的影响作用。

需要说明的是无论通过何种渠道获得的自我效能感，它们本身并不能直接对个体自我效能产生影响，只有经过个体的认知加工和整合，经过认知评价才能发挥作用。

三、自我效能感对大学生发展的作用

大学生正值个体、身心迅速成长发展的关键时期，日常在学习认知活动、个体动机、情绪及行为选择方面难免受各类因素影响，其中自我效能感在不同程度上发挥着特定影响作用。

（一）行为导向作用

高校校园环境为大学生提供的是多维文化氛围，让大学生有了更广阔的发展可能性。大学生可以通过接触不同的人、不同的思想、不同的文化、不同的价值观，培养出不同的技能、兴趣和社会关系网。同时，高校校园环境中存在东西方文化的交织、传统与现代观念的碰撞、集体要求与个性追求的差异，这会使部分大学生产生自我定位上的迷惑与矛盾性。不知道怎样表现才是最好的自我，不知道走什么样的路才最能发挥自己的优势。但有专家提出：“人在一定程度上是环境的产物；同时，人们也通过自我效能感选择某些特定的活动和环境，并对所处环境加以改造。”为此，大学生需要有意识地培养积极的自我效能感，在新时代学校教育环境下做好自我定位，正确认识自我与他人、自我与社会、自我与环境的关系。在面对不适宜环境时不应该将其视为一种威胁而采取回避的态度或者是一直处于迷茫中而不思改变。让积极的自我效能感围绕自我，力争能够做出合理的大学发展规划，指导自己的行为活动，变不利因素为有利因素，促进自我发展。

（二）动机激发作用

人们的行为和活动往往受一定的动机支配，动机是直接推动人进行活动以达到一定目的的内部动力。动机有激发功能、指向功能、维持功能、调节功能，动机的产生是一个复杂的过程，是个体内部需要和外部诱因的综合作用下产生的。动机包含着生物性动机与社会性动机、内因动机与外因动机、近景动机与远景动机。自我效能感影响到个体动机的自觉性、积极性、选择性，进而令形成的动机水平的强弱决定个体活动的质量、水平和效果。自我效能感对人们动机最直接影响表现在对人们动机性努力的程度上：自我效能感高就会更投入；反之，就不会付出那么多努力。成功者、革新者、喜爱社交的人、不焦虑的人、非沮丧者和社会改革家对影响自己生活的事件进行控制的自我效能抱乐观看法，如果不是非现实地夸大，这种自我信念维持着为达到个人和社会成就所需的动机。

大学生在发展中会遇到学业、人际、生活及职业选择上的挫折和困难。在这种情况下尤其需要增强自我效能感以促进成就动机持续，当不断收获一个个小的成功，大学生自我评价将越发积极，也将激励自我迈向下一个成功。

（三）情绪调节作用

情绪是客观事物符合人的需要而产生的态度体验，如个体满足时产生的满意、愉快、喜悦或者未满足时产生的痛苦与愤怒。处在青年期的大学生在情绪方面有很突出的特点：易两极化、波动性大、易冲动、不易自我控制。拥有太多不良情绪的大学生其发展会受限，需要学会如何更好地调节情绪。关于自我效能感理论研究表明：在面临可能的危险、不幸、灾难等厌恶性情境条件时，自我效能感决定了个体的应激状态、焦虑反应和抑郁的程度等，这些情绪反应又通过改变思维过程的性质而影响个体的活动及其功能发挥。高自我效能感的人面对不利环境因素能够做到不焦虑、不怀疑、不懈怠厌倦，能用自立、自主、自信、自强、自制的方式调节情绪，从而获得想达到的目标；自我效能感弱的人自我认可度比较低，往往怀疑自己处理问题的能力，情绪上处于应激状态并有不同程度的焦虑心理，从而挫伤应对环境变化的信心能力。大学生应认识到消极自我效能感对自我身心发展的不利影响，力求做到用积极自我效能调节自我情绪。

四、自我效能的作用机制

自我效能主要通过四种中介机制发挥对人类机能的调节作用，分别是认知过程、动机过程、情感过程和选择过程。这四种中介机制在调节人类机能时通常是协同发挥作用而不是单独发挥作用。

（一）认知过程

认知过程通过影响设立个体目标、构建认知以及推理性思维来发挥作用。自我效能感越强的人，为自己设定的目标就越高，他们对能够完成目标的信念也越强，行为就越坚定。自我效能影响人们对情境的解释，以及对预期情况和想象未来的建构类型。具有高效能感的人把当前具有挑战性的情境视作提供实现成功的机会，他们会想象成功的场景，给行为表现提供积极的指导。高自我效能感可使人拥有更加积极的行动能力，他们通常会将设定好的目标看作是对自身能力的一种挑战，又继而把挑战当作是可能实现成功的一个机遇。因此，高自我效能感能对个体的有效行为认知发挥积极影响作用，而有效的行为认知引导了有效行为，又对自我效能产生了促进的作用，二者之间形成了相互作用关系，这就是自我认知与效能的相互作用机制。而低效能感的人，则将不确定的情境解释为冒险，倾向于设想失败的场景。个体想象成功的行为能够提高行为成绩，想象失败的行为则会降低成绩。自我效能感和认知预测存在着双向作用，彼此影响。高效能感能够促进个体对行为有效过程的认知建构，有效行为的认知动作又能强化自我效能感的形成。

（二）动机过程

动机的认知是一个动态过程，拥有可调节性。自我效能感对各种不同形式的认知性动机都能发挥作用，如因果归因、结果预期、认知性目标等。自我效能感对因果归因的作用影响着各种认知成就。自我效能较高的人更趋于把成功归因为个人能力强这个因素，则把失败归咎为努力不够，继而愿意去尝试承担更多艰难的工作任务，面对困难与挑战能够表现出充足的耐力与韧性。结果预期主要指期望实现的可能概率与期望实现结果的吸引力之间的结合。基本观点认为期望实现结果越有吸引力、越有价值，进行活动的动机就越强，期望结果实现的可能概率越大，进行活动的动机也越强，两者是相乘的作用关系，均不可或缺。目标动机理论的基本观点认为明确而具有挑战性和有反馈的目标可以提高动机的激励作用。低效能感的个体更加容易满足于一般水平的目标与解决方案，不再追求更高的目标。即人们的个人自我效能感在对目标选择其所要担负的挑战、所要投入的努力，以及在面对困难时坚持多久等方面都会产生影响。

（三）情感过程

自我效能在对情感状态的自我调节中也起着十分重要的作用。自我效能通过对思维、行动和感情来影响个体情绪体验的性质和紧张程度。在思维定向模式中，自我效能导致注意偏向，并影响个体对生活事件的解释、认知表征与认知能力知觉，进而影响情绪。在行动定向模式中，自我效能通过支持有效的行动过程，以改变其行动的方式来改变环境，从而调节情绪状态。在情感定向模式中，自我效能会影响个体在焦虑唤起、抑郁心情和生物应激反应等情绪状态，从而影响行为。

（四）选择过程

个体的自我效能判断通过影响活动的选择从而影响其人生发展道路。高效能感的个体，会选择开发某些潜能和改变生活环境的方式来塑造命运，积极参与自己有能力从事的活动。个体自我效能感越高，所选择的活动的挑战性就越大。而低效能感的个体，可能会忽视了选择，妨碍了其对自身某些潜力的认识和开发。个体行为、认知与周围环境是相互关联的三个元素，两两之间相互作用。人既是环境的产物，又是环境的创造者。人们可以通过自我认知和对环境的感知综合思考后，选择采取何种行为，所以高自我效能感的个体往往会制定具有高挑战性的目标。人们通过对环境的选择和改造来影响自己的生活道路。

五、自我效能的测量

自我效能测量的两种取向“一般”与“特殊”之争。现在研究主要有两种取向：一种认为对自我效能的测量必须考虑领域特殊性，另一种则认为应该具备一般普适性。以自我效能理论奠基人为代表的一派学者认为，自我效能应该具有领域特殊性，不同的作业任务对能力的要求也应该有所不同。凡论及自我效能，都是针对某一具体任务的。这种取向认为，自我效能是同具体的某一特定领域密切相关的，对自我效能的测量应该采用微观层次分析的方法。自我效能随情境、任务的不同而变化，对它的测量也应该直接针对具体领域的活动和任务。因此，要测量自我效能，首先要确定具体的任务领域和该任务领域包括的具体活动。但也有学者认为，尽管自我效能是与具体任务相关的，它也可以一般化，即某个具体任务的自我效能可以推广到另一个任务。一般化可以使自我效能有更广泛的应用。关键是自我效能如何在不失去其特异性的前提下实现一般化，而这种特异性正是自我效能与其他概念相比的优势所在。以德国心理学家施瓦泽（Schwarzer）为代表的另一派学者则认为应该存在一般自我效能。这种一般意义上的自我效能可以看作是个人稳定的个性特质，是个体应付各种不同环境的挑战或面对新事物时的一种总体性的自信心。持这种观点的学者认为，对自我效能的测量应该适用于任何任务领域，没有必要像前一种观点所主张的那样对任务领域进行细分。

（一）一般自我效能感量

表3-13中列出了10个句子关于你平时对自己的一般看法，请根据实际情况（实际感受）在右侧合适的空格中上画“√”（做标记）。答案没有对错之分，对每一个句子无须多虑。

表3-13　一般自我效能感量

题目	完全不正确	有点正确	多数正确	完全正确
1．如果我尽力去做的话，我总是能够解决问题的				
2．即使别人反对我，我仍有办法取得我所要的				
3．对我来说，坚持理想和达成目标是轻而易举的				
4．我自信能有效地应付任何突如其来的事情				
5．以我的才智，我定能应付意料之外的情况				
6．如果我付出必要的努力，我一定能解决大多数的难题				
7．我能冷静地面对困难，因为我信赖自己处理问题的能力				
8．面对一个难题时，我通常能找到几个解决方法				
9．有麻烦的时候，我通常能想到一些应付的方法				
10．无论什么事发生在我身上，我都能应付自如				

计分方式及结果解释：采用4点计分（1表示完全不正确，2表示有点正确，3表示多数正确，4表示完全正确）。所有题目评分之和为总评分，依据总分评定结果：1～10分说明自信心很低，甚至有点自卑；11～20分说明自信心偏低，有时候会感到自信心不足；21～30分说明该个体有着较高的自信心；31～40分说明该个体自信心非常高。自我效能感得分越高，说明该个体对自己解决问题的能力具有更高的信心。

（二）学业自我效能感量

表3-14列出了关于学业上可能出现的情况，请根据你自己的实际情况在数字对应的空格中画“√”（做标记）。“1”代表“完全不符合”，“2”代表“有点不符合”，“3”代表“一般符合”，“4”代表“比较符合”，“5”代表“完全符合”。

表3-14　学业自我效能感量

题目	1	2	3	4	5
1．我相信自己有能力在学习上取得好成绩					
2．我认为自己有能力解决学习中遇到的问题					
3．和班上其他同学相比，我的学习能力是比较强的					
4．我认为我能够在课堂上及时掌握老师所讲授的内容					
5．我认为我能够学以致用					
6．和班上其他同学相比，我对所学专业的了解更广泛					
7．我喜欢选择富有挑战性的学习任务					
8．我认为自己能够很好地理解书本上的知识及老师所讲授的内容					
9．我经常选择那些虽然难却能够从中学到知识的学习任务，哪怕需要付出更多的努力					
10．即使我在某次考试中的成绩很不理想，我也能平静地分析自己在考试中所犯的错误					
11．不管我的学习成绩好与坏，我都从不怀疑自己的学习能力					
12．学习时我总喜欢通过自问自答的方式来检验自己是否已经掌握了所学的内容					
13．当我思考某一问题时，我能够将前后所学的知识联系起来思考					
14．我经常发现自己虽然在阅读书本却不知道它讲的是什么意思					
15．阅读书本时我能够将所阅读的内容与自己已掌握的知识联系起来进行思考					
16．我发现自己上课时总是开小差以至于不能认真听讲					
17．我常常不能准确地归纳出所阅读内容的主要意思					
18．我总是在书本或笔记本上划出重点部分以帮助学习					
19．当我为考试而复习时，我能够将前后所学的知识融会贯通起来进行复习					
20．课堂上做笔记时，我总试图记下老师的每一句话，而不管它是否有意义					
21．做作业时，我总力求回忆起老师在课堂上所讲的内容以便把作业做好					
22．即使老师没有要求，我也会自觉地做书本上每一章节后面的习题来检验自己对知识的掌握情况					

计分方式及结果解释：该量表由学习能力自我效能感和学习行为自我效能感两个独立的纬度而合成，每个纬度11道题。采用5点记分法，即选择“1”记1分，选择“2”记2分，以此类推。所有题目评分之和为总评分，总评分数越高代表效能感越高。

（三）情绪调节自我效能感

表3-15列出了12种表述，请根据你自己的实际情况在数字对应的空格中画“√”（做标记）。“1”代表“很不符合”，“2”代表“有点不符合”，“3”代表“一般符合”，“4”代表“比较符合”，“5”代表“非常符合”。

表3-15 情绪调节自我效能感

题目	1	2	3	4	5
1. 当令人高兴的事情发生时，我会表达自己的愉悦之情					
2. 预期目标实现时，我会对自己感到满意					
3. 我会为自己的成功雀跃					
4. 参加聚会时我会尽情表达自己的快乐					
5. 孤独时我能够让自己远离沮丧					
6. 面对尖锐的评语，我能够不气馁					
7. 未获应得的奖赏时，我能够减轻心中的失落感					
8. 面对困难，我能够不气馁					
9. 受到父母或其他重要人物斥责时，我能够控制自己的消极情绪					
10. 当别人故意找我麻烦时，我能够避免恼火					
11. 碰到败兴的事情后，我能够很快摆脱愤怒的情绪					
12. 当我生气时，我能避免勃然大怒					

计分方式及结果解释：采用5点记分法，即选择“1”记1分，选择“2”记2分，以此类推。所有题目评分之和为总评分，总评分数越高代表效能感越高。

（四）人际关系自我效能感

为了更好地了解大学生在人际交往活动中遇到的各种各样的情况，请仔细阅读表3-16中的每一道题，根据实际情况判断该描述与你的符合程度，在数字对应的空格中画“√”（做标记）。“1”代表“完全不符合”，“2”代表“很不符合”，“3”代表“有点不符合”，“4”代表“有点符合”，“5”代表“很符合”，“6”代表“完全符合”。

表3-16 人际关系自我效能感

题目	1	2	3	4	5	6
1. 参加一个新的活动，你通常会结识很多人						
2. 你从不欺骗任何人						
3. 你总是为别人考虑得比较多						
4. 你答应别人的事一定会做到						

续表

题目	1	2	3	4	5	6
5. 当你描述一件事情时，别人通常都能正确理解你的意思						
6. 他人借了你的钱，忘了归还，你会很介意						
7. 假如有人邀请你参加一次活动、比赛，或者在晚会上请你表演节目，你通常会欣然接受						
8. 你总是别人依赖的对象						
9. 你与朋友通常都能保持数年之久的联系						
10. 当你出现问题时，通常会找自己信赖的朋友帮忙解决						
11. 你只喜欢接近与你谈得来的人						
12. 当有人对你不友好时，你常常可以找到适当的对策						
13. 当你与别人发展友谊时，通常都是你采取主动态度						
14. 在老师面前，你总是感到紧张，不知所措						
15. 你通常不会受到别人对你的想法或说法的影响						
16. 你嫉妒周围那些超越你的人						
17. 你觉得你有责任分担朋友的忧愁						
18. 当你与朋友出现分歧时，你通常坚持自己要做的事						
19. 朋友经常称赞你有幽默感						
20. 你对某人不满时，总想报复						
21. 你觉得赢得别人的称赞和关注很困难						
22. 你常为你做过的一些事感到懊悔						
23. 有人批评你，你会怨恨他						
24. 当你和别人谈话并想给对方留下深刻的印象时，你的声音通常会颤抖						
25. 在与每个人第一次见面时，你常常会感到对方可能不会喜欢你						
26. 你很重视家人对你的看法						
27. 你的情绪常常会从非常高兴一下子变得非常悲伤						
28. 你经常为别人答疑解惑						
29. 你在朋友眼中是个知识渊博的人						
30. 你对朋友的道德品质要求很高						
31. 你从不做损人利己的事情						
32. 你能够站在别人的立场上考虑问题						
33. 你认为与老师相处是件很容易的事情						
34. 你经常组织班集体活动						
35. 你和那些与你脾气不相投的人也能和睦相处						
36. 你很爱与人聊天						

计分方式：采用6点记分法，即选择“1”记1分，选择“2”记2分，以此类推。所有题目评分之和为总评分，总评分数越高代表效能感越高。

【任务实施】

请同学们通过给出的自信心提升训练、冥想放松训练和团辅训练，逐一完成各项活动。

一、自信心提升训练

“照镜子”三步法

（一）活动一：你本来就很美

1．活动规则

英国心理学家克列尔·拉依涅尔曾提出10条增强自信心的规则。

（1）每天照三遍镜子。清晨走出宿舍之前，对着镜子整理仪表和着装，务必使自己的外表处于最佳状态。午饭后再照一遍镜子，整理一下自己，保持整洁。晚上就寝前再照照镜子。消除对自己仪表的不必要的担心，更有利于你将注意力集中在工作和学习上。

（2）不要总想着自己的身体缺陷。每个人都有自己的身体缺陷，完美无缺的人是不存在的，对自己的身体缺陷不要念念不忘。其实，人们并没有那么在意你的缺陷。只要少想，自我感觉就会更好。

（3）你感觉明显的事情，其他人不一定注意得到。当你在众人面前讲话感到面红耳赤时，你的听众可能只是看到你两腮红润，令人愉快而已。事实上你的窘态并没有那么容易被他人发现。

（4）不要过多地指责别人。如果你常在心里指责别人，这种毛病就可能成为习惯。应逐渐地克服这种缺点，总爱批评别人的人是缺乏自信的表现。

（5）多数人喜欢的是听众。当别人讲话时，你不要急着用幽默的插话来博得别人对你的好感。只要认真地倾听别人的讲话，他们就一定会喜欢你。

（6）为人坦诚，不要不懂装懂。对不懂的东西坦白承认，这不仅不会损害你的形象，还会给人以诚实可信的感觉。对别人的魅力和取得的成绩要勇于承认，并致以钦佩和赞赏。

（7）在自己的身边找一个患难相助、荣辱与共的朋友。这样，在任何情况下你都不会感到孤独。

（8）不要试图用酒来壮胆提神。如果你害羞腼腆，那么就是喝干了酒瓶也无济于事。只要你潇洒大方，滴酒不沾也会受到大家的欢迎。

（9）拘谨可能会使某些人对你含有敌意。如果某人不爱理你，不要总觉得是自己有错。对于有敌意的人不讲话虽然不是最好的办法，但却是唯一的方法。

（10）一定要避免使自己处于一种不利的环境中；否则，当你处于这种不利情况下时，虽然人们会对你表示同情，但他们也会感到比你地位优越，而在心里轻视你。

2. 我的自信记录

请在下表3-17中记录下你每天所达成的目标。

表3-17　我的自信记录

DAY1	DAY2	DAY3	DAY4
DAY5	DAY6	DAY7	DAY8
DAY9	DAY10	DAY11	DAY12

（二）活动二：自我超越的4A法则

（1）Acceptance（接纳）。接纳自己与自己所在的现实环境。

（2）Action（行动）。对自己决定的事付诸行动，并全力以赴。

（3）Affection（情感）。工作学习时投入情感，获得乐趣，乐在其中。

（4）Achievement（成就）。以上三者完成后的自然结果。

（三）活动三：七步培养自信法

（1）告诉自己，一定要实现目标。当制定好目标以后，一定要先拥有自信，要树立全神贯注的信念。唯有专注于自己的工作，并切实去做才能实现目标。很多经验证明，一个充满自信和希望的一天就是迈向成功的第一步。

（2）要做最好的准备。凡事做好准备是做好工作的重要因素。因为准备充分，才会信心十足，这是为你带来信心，战胜对手，使自己获得成功的最佳秘诀。

（3）重心放在你最大的长处上。有大成就的人，知道把精力放在最擅长的地方。当你集中精神在你能表现最好的事情上时，你会觉得信心增强。

（4）培养信心。学着对自己仁慈些，要总结和整理自己成功的经验，想到自己已完成的事，就对能做的事更有信心。只有自卑者才会把注意力盯在失败和缺点上。

（5）从错误和失败中吸取教训。唯一避免犯错误的方法是什么都不做，有些错误确实会造成严重影响，但是没有失败和挫折就无法成就伟大事业。聪明的人会从失败中学到教训。愚者是一再失败，却不能从其中获得任何教训。

（6）放弃逃避的念头方能产生信心。缺乏信心的人终日将恐怖结伴，自我肯定的机会也就渺茫。有一句名言说得好：现实中的恐惧，远比不上想象中的恐惧那么可怕。大多数人在遇到困难时，大都考虑事物本身的困难程度，如此产生了恐怖感。但是一旦着手解决时，就会发现其实比想象中的要容易且顺利得多。

（7）要确实遵守自己所订下的约束。这是增强信心的最后一个步骤，也是所有步骤中最简单且最具有效果的。这里指的约束，泛指包含你的工作、经济、健康等各种问题。

当你自己做了某种程度的约束后再遵守时，你会发现由于实践导致了自我信赖，这种自我信赖是你已经开始坦然面对自己的实证，因此信心当然也会跟随而来。随着时间的推移根深蒂固地成为你的勇气与力量。

（四）活动四：小技巧挂心间

（1）潜意识改变自信心：多听自信心潜意识音频。

（2）自信心训练十大口头禅：

1）我是最棒的。

2）我的口才越来越好。

3）我是世界上最伟大的演说家。

4）我一天比一天快乐。

5）我一定会成功的。

6）我的朋友越来越多，别人因认识我而感到荣幸。

7）我的精神一天比一天好。

8）我有无穷的魅力。

9）我信心十足。

10）我拥有最强壮的身体。

（3）动作自信心：走路两脚正走，不要内八字，也不要外八字，要挺胸，眼睛看正前方。

（4）呼吸方法：1-4-2深呼吸方法，每天早中晚进行三次。

（5）自信心行为：坐在前面，练习正视别人，把你走路的速度加快25%，练习当众讲话，学会咧嘴大笑。

（6）自信心想象法：想像自己是一位飘在空中的神仙，居高临下。想像自己是一个棉花团，任何瞧不起与咒骂的话语只会被撞回去，变得非常渺小。

（7）小技巧：平时与人谈话多时多进行眼神交流，消除恐惧感。

二、冥想放松训练

（一）活动指导语

请同学们放下手机，放下课包，选择一个合适的姿势坐着或者躺着。随着轻音乐的播放跟随指导语放松。

（二）放松引导

放松引导指导语

在一处安静的地方，舒适地坐下来，轻轻地闭起眼睛，慢慢地呼吸，吸气很深很深。我们开始数数，由10倒数至1，10-9-8-7-6-5-4-3-2-1，感觉到随着自己数数的节奏，头部开始放松，面部开始放松，颈部开始放松，胸部开始放松，手臂开始放松，腹部、腰部、臀部，慢慢地整个腿部开始放松，紧张垂落至脚，脚部逐渐开始释放这些紧张，脚腕开始放松，脚背开始放松，脚趾开始放松……渐渐地进入一种重新塑造自己的氛围，仿佛自己看到了自己的形象，越来越清晰地看到以前不自信的自己，正在离我渐渐地远去，远去……远处隐隐约约地有一个人影向我走来，越来越近。我惊异地发现，那是自己完全一样的形象，一个充满自信、充满热情、富有魅力的形象走进内心，他（她）说：我正是拥有自信的人，正是拥有热忱与激情，拥有雄心与抱负、成就事业的那个自我。

背景构筑：现在我来到了海边，眺望远方，海阔天空，海浪在慢慢地推拥着、击打着海岸，海鸥在飞旋。此处，静悄悄，静悄悄，伴随我的唯有优美的音乐、洁白的沙滩、蓝天、海洋、静静流动的时光。我置身于其间，远离了喧嚣，远离了令我烦恼与困惑的现实问题，来到了一个只有自己体验到的宁静世界。在这里，我开始渐渐地放下内心的包袱，放下让我冥思苦想的一切，轻松自由的灵魂开始接受积极、肯定的指令。

唤醒：现在我开始慢慢地放下了所有的包袱，现在的我十分轻松、自在、自信、乐观。吸气……呼气……吸气……呼气……慢慢地，慢慢地随着音乐的节奏睁开双眼。

（三）分享与讨论

与你周围的同学分享在刚刚的冥想过程中你的感受和收获。

三、团体辅导

（一）设计理念和思路

对学生的自信训练是多样的，概括起来有以下六个主要方面：

（1）以帮助学生认识自己为主线，认识并肯定自己的独特之处。

（2）以帮助学生自我定位为主线，帮助学生建立合理而积极的自我形象。

（3）帮助学生形成合理而积极的归因方式。

（4）创设条件、环境让学生通过达到目的去体验成功感。

（5）促进学生的实践行为训练。

（6）针对不同个体实施不同教育，帮助不同学生寻找自信的支点。

自信的心理素质不是天生的，而是在生活、学习和工作中逐步培养起来的。所以要求教师应该多层次、多角度、因人而异地帮助学生树立自信心，帮助他们寻找自信的支点。这里所说的“支点”就是指学生自己突出的长处和优势，而且这个突出的长处和优势主要不是和其他人相比，而是和自己比。在自己所有的各项指标中，找出自己优势才能成为自信的支点。我们应该侧重于从以下几个方面着手：

1）帮助弱势学生寻找难得的机会表现自己。

2）帮助有个性特长的学生肯定自己。

3）帮助问题生用发展的眼光看待自己。

4）帮助朴实无华的学生全面看待自己。

5）帮助自傲的学生客观地评价自己。

（二）活动一：突破自我

1. 活动介绍

借助游戏，促使个体重塑信心，让团队成员建立积极而有用的信念。

2. 活动要求

（1）放松身心，快乐体验。

（2）衣着方便。

（3）遵守规则：全身心地投入活动，真诚地表现自己，无条件地接纳他人，遵守团体的秘密，尊重他人的隐私，听从主持人的指令。

3．活动步骤

（1）热身活动——“解开千千结”：小组成员手拉手站成一个圈，每位成员看清楚自己的左侧和右侧分别是谁，确认后再松手。成员随意走动，指导者叫停，成员停止走动，伸出右手拉住开始时，站在自己右边人的手，伸出左手拉住开始时，站在自己左边的人。这时形成了一个复杂的结，成员手拉住不放开，然后通过集体移动将结变成与开始一样的圈。

（2）主要活动——“我是个什么的人”：小组成员在纸上写下最多十个对自己的评价，可以是任何方面，如长相、性格、学习、人际等。

我是个________________人

我是个________________人

我是个________________人

我是个________________人

我是个________________人

我是个________________人

我是个________________人

我是个________________人

我是个________________人

我是个________________人

（3）分享与总结：小组内分享本次活动的心得和感受，领导者对活动做总结，引导成员突破自我，重塑信心。

（三）活动二：相信自我

1．活动目的

（1）寻找自信的支点，开发自身潜能。

（2）在认识自我的基础上相信自我，意识到自己的闪光点，建立理性的自信系统。

2. 活动时间

30～50分钟。

3. 活动准备

全班同学围成圆圈坐着。

4. 活动步骤

（1）热身活动——“口香糖，粘什么”：全体成员围成一个圈，有一人做发令员喊出口令：“口香糖，粘肩膀”，所有成员包括发令员必须找到另一个人，两个人的肩膀贴在一起，最后剩下的一个人变成发令员。

（2）主要活动1——“优点轰炸”：小组成员轮流坐到中央，其他成员从他身上找到特别的地方，然后用发自内心的语言赞美对方。

团体分享：当别人赞美你时，你的感觉如何？你赞美别人时，通常会赞美哪些地方？你在赞美别人时，感到自然吗？为什么？是否有一些优点是自己以前没有意识到的？是否加强了对自身优点的认识？

（3）主要活动2——“自我寻宝”。领导者请成员在纸上写出：我开始喜欢我自己，因为……

分享与总结：领导者对活动做总结，引导成员发现自己更多的优点，找到自信的依据。

（4）活动要求：在进行“优点轰炸”活动时，必须用发自内心的语言来赞美对方。在进行“自我寻宝”活动时，填写的内容必须实事求是，必须是自己的优点或特长，也可以是进步，每个人至少写出五个。

（5）作业：请在下面写出5条对自己新的发现。

我发现自己____

我发现自己____

我发现自己____

我发现自己____

我发现自己____

（四）活动三：帮助自我

1. 活动目的

利用团体的力量克服自卑，建立自信。

2. 活动时间

30～50分钟。

3. 活动准备

全班同学围成圆圈坐着。

4. 活动步骤

（1）热身活动——“信任之旅”：团体成员两人一组，一位做“盲人”，一位做帮助“盲人”的人。“盲人”蒙上眼睛，原地转3圈，暂时失去方向感，然后在帮助人的搀扶下，沿着指导者选定的路线绕室内外活动。其间帮助人不能讲话，只能用动作帮助“盲人”。活动结束后两人坐下交流当“盲人”的感觉，与帮助别人的感觉，并在团体内交流。然后互换角色，再来一遍，再互相交流。交流讨论集中在以下几个方面：对于“盲人”，你看不见后是什么感觉？这次活动使你想起什么？你对伙伴的帮助是否满意，为什么？你对自己或他人有什么新发现？对于助人者，你怎样理解你的伙伴？你是怎样想方设法地帮助他的？这使你想起什么？

（2）主要活动1——“自信百宝箱”。请同学们在纸上填写：在自信心方面，我无法做到的几件事情后，团队成员对纸上无法做到的事情提建议。

在自信心方面，我无法做到

（3）主要活动2——“我欣赏你”：小组成员围成圈坐下，两两面对面，通过运用“我喜欢（欣赏）你，因为你……”的循环对话，学会欣赏别人的好处，同时也获得他人对自己的肯定。

（4）分享与总结：成员相互分享本次活动的心得和感受，领导者对活动做总结，引导成员克服自卑，建立自信。

（五）活动四：超越自我

1. 活动目的

引导成员相信自己，重塑理想我。

2. 活动时间

30～50分钟。

3. 活动准备

全班同学围成圆圈坐着。

4. 活动步骤

（1）热身活动——“目光炯炯”：团体成员两人一组，互相注视对方眼睛50秒，不可以躲闪，目光注视表示自信及诚恳。然后注视着对方，肯定地做一分钟自我介绍。接着肯定地表达自己的感受“我对××（高数、弹琴、绘画等）最有把握”，大声地说三遍，注意每一遍的感受，交换角色。领导者组织全体进行分享。

（2）主要活动——“我的自画像”：成员们用各种颜色的彩笔画出心中新的自己，可以是用动物、植物人或者任意东西对自己进行描述。

我的自画像

（3）齐声合唱《我相信》。

（4）分享与总结：成员相互分享本次活动的心得和感受，领导者对活动做总结，引导成员重塑理想我。

【拓展资料】

我自信，我成功

2001年5月20日，美国一位名叫乔治·赫伯特的推销员，成功地把斧子推销给了小布什总统，布鲁金斯学会因此把刻有“最伟大推销员”的一只金靴子赠予了他。布鲁金斯学会创建于1927年，以培养世界上最杰出的推销员著称于世。在克林顿当政期间，他们出了这么一个题目：请把一条三角裤推销给现任总统。8年间，无数个学员绞尽脑汁仍是无功而返。克林顿卸任后，布鲁金斯学会把题目换成：请把一把斧子推销给小布什总统。许多学员知难而退，然而，乔治·赫伯特却做到了。一位记者在采访他的时候，他是这样说的：“我认为，把一把斧子推销给小布什是完全可能的。因为布什总统在得克萨斯州有一个农场，里面长着许多树，于是我给他写了一封信，大概是这样说的：我发现您的农场里面有些矢菊树已经死掉。我想，您需要一把小斧头，而且从您现在的体质来看，您需要一把不甚锋利的老斧头，现在我这儿正好有一把这样的斧头，它是我祖父留给我的，很适合砍伐枯树……最后他就给我汇来了15美元。”

乔治·赫伯特成功后，布鲁金斯学会在表彰他的时候说，金靴子奖已空置了26年是因为学会一直想寻找这么一个人，这个人从不因有人说某一目标不能实现而放弃，不因件事情难以办到而失去自信。

资料来源：https://xw.qq.com/cmsid/20201012A0EBSQ00

任务5　保持乐观

【任务描述】

1. 学习乐观的理论知识
2. 了解乐观对生活的影响
3. 进行乐观心理测试
4. 进行乐观心理训练

【任务目标】

1. 知道乐观的重要性

2. 了解自己的乐观度

3. 培养并提高自己的乐观心态

保持乐观

【知识链接】

乐观是指个体对人、事、物的积极态度，在主观上形成的精神愉悦，对未来充满信心的心态或先占观念。在社会学中，关于乐观的定义最受大家认可的为社会学和人类学的先驱莱昂内尔·泰格（Lionel Tiger）的观点，他将乐观定义为：当个体把某种社会性的未来或物质性的未来的期待当作是社会上所需要的，是对个体有利或者可以为个体带来快乐时，与这种期待相联系的心境。

一、乐观的相关理论

（一）价值模型理论

乐观是对个体遇到的各方面的事件而产生的不同结果的一种评价和标准。有研究者认为个体是可以预期事件的结果，当个体所预期的结果是积极的，而且是可以实现的时候，个体就会采取行动达到目的，去努力实现预期结果，而当个体认为结果是消极的，并且不可能实现的时候，他就会放弃努力。因此，个体对预期结果产生的期待不同，就会表现出与之相应的行为和评价。

（二）人格特质理论

有研究者认为乐观是一种人格特质，将其称为气质性乐观。气质性乐观是指个体总体上对积极结果的期待，因为个体可以表现出稳定的倾向，很少受到外界的影响。乐观不仅仅是与特定的事件相连，它也存在着一定的稳定性，正因为乐观水平的稳定性，因此有研究者认为气质性乐观是人格特质的一种形式。

（三）解释风格理论

解释风格理论认为乐观是一种解释风格，认为乐观是后天学习所得，它是个体对积极事件或消极事件稳定的归因，有乐观、悲观解释风格两种。乐观的个体倾向于认为好的结果和积极的事件是由内部的、稳定的和普遍的原因引起的，而坏的结果和消极的事件则会认定为是由外部的、不稳定的和特殊的原因引起的，悲观的人则相反。

二、乐观对生活的影响

乐观是积极心理学中很重要的一个概念，拥有乐观的人格，可以促进个体减少疾病的产生，获得更长的生命长度和更高的生命质量。

（一）心理健康

在心理方面，越来越多的实证研究表明，乐观对心理健康具有显著的促进效应。比如，研究者采用乐观量表、抑郁量表和焦虑量表对大学生进行了测验，考查乐观与抑郁和焦虑的关系。研究结果表明，大学生的乐观维度和悲观维度与抑郁、焦虑得分均显著相关。两者之间的影响通过回归分析可以得出结论：乐观是抑郁、焦虑的重要预测变量。此外，在对乐观与主观幸福感的关系进行的研究中，研究者运用乐观问卷和生活满意度问卷得出了结论，即乐观者较悲观者而言会对生活产生更大的满足感，可以更好地意识到点滴的幸福，两者为显著的正相关。研究者们通过量化分析得出了结论，抑郁症状与乐观呈负相关，为了青少年的健康发展，人们也在思考如何提高青少年的乐观水平，从而提升心理健康水平。

乐观是心理健康的普遍预测因子，即乐观对心理健康的积极方面和消极方面都有很高的预测力。个人乐观与生活满意度呈显著正相关，与特质焦虑、状态焦虑、情绪性以及抑郁呈显著负相关。研究者通过多元回归分析发现，在控制抑郁症状水平、消极情感、积极情感、日常烦恼以及烦恼与积极情感的交互作用的条件下，气质性乐观能够显著预测未来一段时间的抑郁症状。在大学生的乐观、悲观两种一般结果期待倾向与其抑郁感受的关系中，发现乐观倾向越强，抑郁水平越低；悲观倾向越强，抑郁水平越高。两种期待对抑郁的变异各有显著的、独特的贡献，而且随着压力水平的增高，乐观倾向的保护意义具有增强的趋势。对于承受各种医疗情境的病人的心理功能来说，乐观也是一个重要的预测因子。有研究考察了乳腺癌患者在手术前的乐观、悲观与应对反应对于悲痛的影响，发现乐观、悲观与手术前痛苦程度有直接的显著相关，应对反应与痛苦程度也呈现显著相关，但是这种效应主要是由乐观与悲观调节产生的。在一些对冠状动脉搭桥患者的调查中发现，乐观主义者在手术前的抑郁程度比悲观主义者低，手术后一周，乐观主义者感觉更为轻松和快乐。从对这些患者手术后的八个月的跟踪调查表明，乐观主义者体验到了更大的主观幸福，拥有较高的生活质量。乐观对个人健康的促进效应已被大量研究所证明，但人们对这种现象的作用机制却理解甚少。乐观与悲观的作用机制可能是由于面对关键的人生应激事件时，采取了不同的应对策略。面临可控制的压力情境时，乐观主义者倾向于使用以问题为中心、寻求社会支持及强调应激情境中的积极方面的应对方式，也更有计划性。而悲观主义者倾向于使用回避目标、否定以及物质滥用的方式。如果面对不可控的情境时，乐观主义者更多使用的是接受、幽默及积极重构的方式。

（二）生理健康

在生理方面，研究结果显示，乐观与生理指标、免疫功能、癌症、怀孕、身体症状或疼痛、死亡率、出生率等健康因子的关系显著，在所有因子中乐观均可以很好地预测身体健康。乐观可能会使个体遇到健康问题的风险降低，当个体遭遇到重大的生活事件时也可以使个体尽快恢复。当面临相同困境时，乐观的个体比悲观的个体更可以减少不愉快的程度，同时也可以更快地恢复到原本的水平。

对生活持有普遍的积极看法将会使人感知到更好的身体状况，并且最终也切实具有更加健康的身体，不论这听起来有多么像逸闻趣事一样，但是确实如此。乐观与感知的身体健康具有显著的正相关联系，乐观主义者感知他们处于更好的身体状态，倾向用积极的词语来描述他们的身体状况，而悲观主义者感知自己处于比较差的身体状态。乐观对于免疫系统的机能具有明显的影响作用，当应激源比较简单时，如短期的、可控制的、对应对努力的反应，或不具有冲突，乐观与高免疫参数联系密切；当应激源比较复杂时，如长期的、不可控制的、对应对努力的无反应，或冲突，乐观则与低免疫参数紧密相联。

通过实验表明，在悲观与心境的效应被控制的条件下，乐观主义者在唤醒的阶段表现出更少的皮质醇分泌，男性的这种效应比女性更显著。作为积极心理资源的乐观，积极情感比悲观情感对皮质醇分泌有更高的影响作用，从而潜在地把积极心理状态与心理健康联系起来。人们通常认为乐观主义者较少体验抑郁、苦恼，采用更有效的应对方式，而且在许多场合要比悲观主义者获得更好的行为结果，是一种具有适应性功能的人格特质。

那么，乐观主义是否总是有益，或者只是在某些条件下才有益，而悲观主义是否总是具有消极性呢？

不切实际乐观，即乐观的偏向，指个体由于感觉能够顺利处理困难，如事故、疾病等而认为没有坏的事情将要发生的信念。不切实际乐观的人倾向根据自己的愿望选择性地注意与扭曲信息。研究发现，不切实际乐观与积极良好的心理和生理健康有着高度相关。然而，这种预期方式不是很明智，不切实际乐观的人总是从好的方面着想，从而更有可能回避对危险信息的察觉，不会采取控制问题发展的措施，导致他们对灾难性的事态没有防备，其实这种灾难完全有可能不发生。产生不切实际乐观的原因有两种：首先，自我中心倾向诱发个体只考虑自己本身，即使在需要比较判断时也是如此，导致人们只聚焦可以提高他们自己机会的因素，而忽略了他人的因素；其次，人们倾向维持和提高对自己的积极看法，进而会从最有利的角度来显示自己与他人的不同，因此采用向下比较的策略。

防御性悲观指尽管个体曾在相似的情境中有过成功的经历，但还是怀疑自己是否有能力达到目标。防御性悲观包含两个基础成分：防御性期望和反思性思考。防御性期望指为自己设置了低期望，这种期望标准是安全的、可以达到的目标；反思性思考指个体将环境中的一切可能结果都考虑到，并将所有可能结果纳入自己的认知结构中。防御性悲观作为一种自我保护的策略，主要有两个目标：对可能失败的自我保护的心理准备和对可能失败的焦虑反而激发更加努力来提高成功的可能性。与其他的悲观主义不同，防御性悲观更加主动，通过努力尝试各种可能的方法避免潜在的问题以降低焦虑。研究表明，比起其他的悲观主义者，使用防御性悲观的运动员表现出更好的竞技水平。

（三）学业成就

许多研究发现，学生的乐观倾向与学业成绩具有显著的正相关。研究表明，在考试情境中，高乐观水平的学生体验较低的考试焦虑，进而获得考试高分。而且，一个人的乐观倾向还影响职业生涯的成功与否。乐观对工作表现的影响是当今管理心理学领域一个热门的主题，工业与组织心理学一直试图发现新的方法使员工的工作绩效得到进一步改善，乐观作为提高生产力和绩效的有利因素已经得到了许多研究的证实。针对人寿保险公司销售代理绩效的研究发现，乐观型解释风格问卷得分排在前一半的销售代理比排在后一半的代理卖出的保险多。更值得注意的是，乐观型解释风格问卷得分排在前的销售代理比悲观得分排在前的代理多卖出的保险业务多。同时，对新进销售代理人员进行一年的追踪调查发现，乐观得分排在后的销售代理放弃工作的可能性是那些乐观同事的两倍，而乐观得分在最后的代理放弃工作的可能性是乐观同事的三倍。但是，需要注意的是，尽管部分悲观主义者体验了较高的工作压力和冲突，却拥有更高的工作满意度与绩效。

三、乐观的测试

（一）乐观测试一

请根据自己的实际感觉来选择，在表3-18中对应选项的方框上打“√”。答案没有正确和错误之分。

表3-18　乐观测试

题目	非常不同意	有些不同意	不同意也不反对	有些同意	非常同意
1．我总是觉得自己的运气会好	1	2	3	4	5
2．我做事总是感到能顺顺利利	1	2	3	4	5
3．当事情出现问题时，我通常预料事情会有所好转	1	2	3	4	5
4．我认为很多事情会按照我的想法发展	1	2	3	4	5
5．我觉得好事会发生在我身上	1	2	3	4	5
6．我认为我会过得很幸福	1	2	3	4	5
7．我认为机会会落在我头上	1	2	3	4	5
8．我每天都会过得开开心心	1	2	3	4	5
9．只要我努力，我想事情都就会顺利发展	1	2	3	4	5
10．我认为将来发生在我身上的好事会比坏事多	1	2	3	4	5

说明：请将得分相加，得分越高，表明你越乐观开朗；反之，则是有些悲观。

（二）乐观测试二

表3-19列出了在面对挫折和打击时的一些感受。请从4种选择中选出最符合自己的答案，并在相应的数字下面画“√”。答案没有正确和错误之分。

表3-19　面对挫折和打击时的感受

面对挫折和打击时……	完全不符合	不太符合	有些符合	完全符合
1．我能将压力变成动力	1	2	3	4
2．我觉得自己是坚强的	1	2	3	4
3．我有信心战胜任何困难	1	2	3	4
4．挫折与打击不可能使我垮掉	1	2	3	4
5．我会理智地分析挫折和打击	1	2	3	4
6．我会积极地寻求解决的办法	1	2	3	4
7．我认为人生不如意是常有的事	1	2	3	4
8．我认为天无绝人之路	1	2	3	4
9．我相信一切都会过去的	1	2	3	4
10．我不会自暴自弃的	1	2	3	4

说明：请将得分相加，得分越高，表明你越乐观开朗；反之，则是有些悲观。

【任务实施】

请同学们通过给出的六个活动方案，完成乐观提升的相关活动。

活动一：天生我才

（一）活动目的

帮助成员发现并认识自己的优点，珍惜自己的潜能，学习自我欣赏、自我肯定，培养乐观豁达的生活态度，同时学会欣赏别人的优点，增强自信和信任。

（二）活动内容

填写《天生我才练习》并在小组内交流分享。

（三）活动时间

约30分钟。

（四）活动道具

每人一张《天生我才练习》纸笔练习。

天生我才练习

1．我最欣赏自己的外表是：________________

2．同学最喜欢我的是：________________

3．在学习中我最有成就感的事情是：________________

4．我最喜欢的一门课是：________________

5．我最欣赏自己对学习的态度是：________________

6．我最欣赏自己的一次成功是：________________

7．我最让父母满意的是：________________

（五）活动步骤

（1）成员按小组围圈坐好，每组8～10人。

（2）每人填写一张天生我才练习。

（3）请每位成员在小组中说出自己的答案。

（4）小组交流与分享：

1）你是否同意每个人都有长处？原因是什么？

____

____

2）你向别人介绍自己的优点时，心情怎样？这个练习让你对自己的认识跟以前相比有没有不同？当你发现自己有这么多优点时，你的感受是什么？

____

____

3）同学在介绍自己的优点时，你觉得跟自己以前对他（她）的认识有没有不同？当你发现别人有这么多优点时，你的感受是什么？

____

____

（六）同学分享

（1）有同学表示这个活动感觉很不错，发现自己还有不少优点，很开心。

（2）同学们表示通过这个活动，发现自己优点的同时也发现了同学们的不少优点，感觉大家都很棒。

（七）注意事项

指导员总结的时候可以把重点放在分享后内心的喜悦及提高自信方面，建议大家以后每晚休息前总结当天的学习生活情况，肯定自己做得好的地方，不足之处以后不断改进。

活动二：“画”说生活之命运纸牌

（一）活动目的

让成员学会接纳生活，懂得并珍惜现在所拥有的一切，用积极和感恩的态度看待生活，乐观地面对困难。

（二）活动内容

抽取《命运纸牌》，阅读《挣脱“自我设限”》文章，并在小组内分享交流。

（三）活动时间

约30分钟。

（四）活动道具

每人一张“命运纸牌”，《挣脱“自我设限”》文章一篇。

（五）活动步骤

（1）成员按小组围圈坐好，每组8～10人。

（2）组织者把纸牌放在一个盒子里，让成员随机抽取一张纸牌，不得更换，纸牌写的就是你全新的命运安排。

（3）小组成员交流与分享：

1）每位成员在小组内告诉其他成员全新的自己是怎么样的，并说明自己是否满意纸牌上的自己，为什么？

2）跟现在的生活相比，自己更喜欢哪一种？

3）如果是更喜欢现在的生活，那么该怎样面对已经拥有的生活？

4）阅读《挣脱“自我设限”》，体会“过去不等于未来——不论你过去怎么不幸，这都不重要。重要的是你对未来必须充满希望。”

（六）同学分享

（1）看到自己所抽到的全新的命运安排，觉得现在的自己很幸运也很幸福，感恩父母给自己提供了良好的生活环境，也感恩学校提供了良好的学习环境。

（2）通过阅读《挣脱“自我设限”》，体会到过去不等于未来的含义，只要你调整心态，明确目标，积极行动，成功就是你的了。以后会更有信心做更好的自己。

（七）注意事项

（1）制作纸牌时，应根据团体成员的实际情况设计，纸牌的内容不要太尽如人意，要让成员意识到生活不可能是完美的，所有的生活都有好的一面和不好的一面。我们应该接纳并珍惜现在的生活，乐观地面对所遇到的一切。

（2）组织者要对可能引发的负面效应非常敏感，对成员给予支持并及时处理。

（3）阅读《挣脱“自我设限”》时引导成员体会：重要的是你对未来必须充满希望。

命运纸牌

1. 家中父母离异，经济困难，读书条件很差。
2. 父母下岗，家庭经济困难，不能支付目前的学习费用。
3. 与周围的同学人际关系紧张，不受大家欢迎。
4. 学习成绩优秀，但人缘很差，不受同学欢迎。
5. 家里很富有，但父母忙于工作，很少有时间陪伴自己。
6. 家庭条件很好，但学习成绩比较差，努力用功后效果仍然不明显。
7. 家庭条件很好，但自己患有小儿麻痹症，生活很不方便。
8. 以前家里很富有，现在却因意外事故而陷入经济拮据状态。
9. 自己除了学习，其他业余爱好基本没有。
10. 家庭条件很好，但刚得知父亲不幸患有重病。

注意：每一种都要分开，一张纸条一项。

挣脱“自我设限”

1920年，美国田纳西州的一个小镇上有个姑娘降生了。妈妈给她取了个苔丝的小名。苔丝渐渐懂事后，发现自己与其他孩子不一样：她没有爸爸，她是一个私生女。小伙伴们不跟她玩，人们明显地歧视她。

上学后，歧视并没减少。于是她变得越来越懦弱，开始封闭自己，逃避现实，不与人接触。

在美国，有许多教堂，人们经常到那儿做礼拜。苔丝非常羡慕别的孩子一到礼拜天就能和自己的父母手牵手地走进教堂。她曾多少次躲在远处，看着人们兴高采烈地从教堂里出来。有一天她终于鼓起勇气，待人们进入教堂后，偷偷地溜进去，躲在后排倾听牧师正在讲：

“过去不等于未来。过去你成功了，并不代表你未来成功；过去失败了，并不代表你将来就要失败。因为过去的成功或失败，只能代表过去，未来是靠现在决定的。现在干什么，选择什么，就决定了未来是什么。失败的人不要气馁，成功的人也不要骄傲。这个世界上不会有永远成功的人，也不会有永远失败的人。”

苔丝被深深地打动了，她感到一股暖流充盈着她那孤寂的心灵。但她马上提醒自己：趁人们没有发现她时，赶快走。

第一次听过以后，就有了第二次、第三次、第四次冒险——但每次都是偷听几句话就快速躲开。因为她胆怯、自卑，她认为自己没资格进教堂。

终于有一次，她听得实在入迷了，忘记了时间，直到教堂的钟被敲响才猛然惊醒，但已经来不及了，人们已经挡住了她的去路，她只得随着人群慢慢移动。突然有一只手搭在了她的肩上，她惊慌地顺着这只手臂望上去，正是牧师。

苔丝完全惊呆了，她不知所措，眼睛里满是泪水。

这个时候，牧师脸上浮起慈祥的笑容，说：

“过去不等于未来——不论你过去怎么不幸，这都不重要。重要的是你对未来必须充满希望。现在就做出决定，做你想做的人。孩子，人最重要的不是你从哪里来，而是你要到哪里去。只要你对未来保持希望，你现在就会充满力量。不论你过去怎样，那都已经过去了。只要你调整心态，明确目标，积极行动，成功就是你的了。”

从此，苔丝变了……在她40岁那年，任田纳西州州长。之后，她弃政从商，成为世界500强公司的总裁。67岁，她出版了自己的回忆录《攀越巅峰》。在书的页面上，她写下了这句话：过去不等于未来！

活动三：出谋划策

（一）活动目的

（1）鼓励成员打开心扉，敢于、勇于面对自己的困难。

（2）培养成员的关爱之心，乐于向他人伸出援助之手，树立求助意识。

（3）通过求助与帮助他人发现：办法总比困难多，生活永远充满希望。

（二）活动内容

写上自己认为最头疼的问题，装入信封并在小组内漂流，保证每位成员都给本组内非自己的问题给出建议，信封再漂流回本人，并在小组内交流分享。

（三）活动时间

约30分钟。

（四）活动道具

信封、白纸、笔、箱子。

（五）活动步骤

（1）组织者念出如下导入语并提出问题：“同学们猜猜为什么呢？今天活动之后，我再告诉大家博士生落水的原因。”

> 有一位博士被分配到一间研究所工作，成为全所学历最高的一个人，连正、副所长都是本科生。有一天他正和正、副所长到单位后面的小池塘钓鱼。中间休息的时候，正所长放下钓竿“蹭、蹭、蹭”地从水面上健步如飞地走到对面上厕所，回来的时候也同样是一阵水上漂。博士很好奇但又不好意思问，害怕丢面子。
>
> 过了一阵，副所长也“蹭、蹭、蹭”地飘过水面上厕所去了。
>
> 此时，博士也内急了，这个池塘两边有围墙，绕路走一定要十分钟才可以，“我就不信本科生能过的水面，我博士过不了”，想完这些他就起身往水里跨。只听“咚”的一声，博士栽到水里了。

（2）成员按小组围圈坐好，每组6～8人。

（3）点子大制造。每位成员在领到的白纸上写下自己认为最头痛的问题，如学习问题、人际交往问题、恋爱问题等。将白纸抓好放入信封中，在信封上标上自己的记号，以便活动后认领。将信封在小组内漂流，成员在拿到他人信封时打开，并在白纸上写下自己对该成员问题的解决建议，可留名也可匿名。保证每位成员都对本组内非自己的问题给出建议后，请信封漂流回主人手中。

（4）点子大分享。每位成员打开自己漂流一圈回来的信封，看看组员们分别给出的建议。小组内分享大家看到建议后的心情和感想。

（5）点子大繁殖。这一环节中请组织者注意引导方向，首先须明确这一环节的目的：让成员感觉到在得到大家建议后，自己再遇到问题进行思考时是否存在思路更广、更流畅的情况。请成员们将自己的信封都投入我们事先准备的繁殖箱里。组织者从箱内抽出任意信封一个，打开并将问题念给全体成员，然后请大家给出建议。抽出3～5个信封后，请成员们分享：自己在这一轮的思考中，与整个活动开始前有何不同感受？上两个环节中，其他成员的点子分享是否为自己带来了良性影响？是否感觉到再想问题时思路被拓宽了？

（6）组织者总结出几个成员们共同的问题，请成员们讨论如何能使给出的建议更容易实现。

（7）可以增加评选环节（视具体情况而定），如“最稀奇点子奖”“最有效点子奖”“最具搞笑精神点子奖”“智多星大奖”。

（8）成员们一起探讨博士生落水的原因，最后组织者给出答案。

（六）学生分享

（1）有学生认为看到大家的回应好感动，每个建议都很真诚。

（2）当我们听到大家的新点子时得到的不仅是一个点子，而是另一条思路、另一种思考方式、另一个思考的角度。学会另一种思考方式，比记住一个点子更重要。

（3）我以前就是有问题不敢问，因为总觉得自己连这种问题都不会，问出来肯定被别人笑话的。通过今天的活动，觉得自己以前的想法好愚蠢啊，其实大家都没这么看重这些问题。而且今天还发现，有时候自己心中有了一个新的想法，还觉得自己很了不起，竟然能想到这些，其实大家也能想到这个想法，甚至有时还有更好的想法。所以学习千万不能闭门造车，没有与大家的交流，根本无法判断自己究竟学到什么程度了。

（4）以前有问题不敢问导致很多问题积压解决不了，自己感到自卑，现在知道求助别人也是一种很好的办法，以后再遇到问题也有信心解决了。

（七）注意事项

（1）本活动可以用作培养多种思维角度的游戏，需要在第三环节上加强，除了请成员分享点子以外，还可以分享如何想到这个点子的，给大家一个思路的开拓。

（2）引导成员们理解：

1）敢于求助是一种美德。听完前面博士的故事，我们发现他的问题在于虚荣心太强，不好意思向别人求助，不善于向别人学习，才导致了他的笑话。请成员们回想自己的感受，如果一名成员向你求助，你真的会在心中嘲笑他吗？多数人不会这样做，所以要相信其他人不会嘲笑你。

2）善于求助是一种能力。俗话说一个苹果两个人分，每人就会有半个苹果。一个点子两个人分享，每人就会有两个点子。

活动四：笑对人生

（一）活动目的

引导学生积极面对他人对自己的冷嘲热讽。在身处逆境时，依然能够保持乐观开朗的心态，培养独立自主的人格。

（二）活动内容

（1）学习孔子被人讥讽“丧家犬”的典故。

（2）猜想孔子被人讥讽“丧家犬”后的心理反应。

（3）预测一下你人生的低谷可能会遭遇哪些不顺心的事，然后设想一下你会以什么样的心态去面对，你会采取什么样的行动自我引领走出低谷，并填入表3-20中。

表3-20　未来不顺心的事及应对方法

可能遇到的不顺心事	你将如何应对（心态和行动）

（三）活动时间

约30分钟。

（四）活动道具

一支笔和一张纸。

（五）活动步骤

（1）成员按小组围圈坐好，每组8～10人。

（2）小组讨论孔子被人讥讽“丧家犬”后的心理反应。

（3）小组分享孔子可能的心理反应。

（4）小组成员分别完成活动内容3。

（5）每小组派出一个代表分享活动内容3的答案。

孔子被人讥讽“丧家犬”的典故

提起孔子，我们马上会将他与“万世师表”“圣人”“至圣先师”等称号连在一起。但很多人不知道，除去后世给的光环，孔子一生颠沛流离，风餐露宿，四处碰壁。在步入七十岁老年期时，更是接连丧妻、丧子、丧徒。在我们常人看来，他的一生是悲哀的，是郁郁不得志的。但了解孔子生平的人，都知道他是一个乐天派。平时在家时，喜欢抚琴唱歌（见《论语》：子之燕居，申申如也，夭夭如也）。而当他陷入人生绝境时，更是表现出他乐天派的风范。

五十五岁时，孔子因在鲁国不受重用，无法推行自己的治国理想，于是周游列国十四年。有一次被宋国司马桓魋追杀。师徒一路逃亡，逃到郑国时，孔子和弟子们走散了。子贡在询问时，城门守卫对他说："东门有个人，他的额头像唐尧，脖子像皋陶，肩膀像郑子产，可是从腰部以下比禹短了三寸，一副狼狈不堪的样子，真像一条丧家狗。"子贡一听，这相貌正是孔子，便匆匆赶往东门。找到孔子后，子贡便将这段话如实地告诉了孔子。

同学们，故事到了这里暂停。请发挥你的想象力，孔子听到守门人讽刺他是丧家犬，他会作何反应？把你的答案写在下面。

接着让我们来揭晓故事的结果：

孔子不但没有生气，反而高兴地说道："他形容我的相貌，不一定对，但说我像条丧家狗，对极了！对极了！"（《史记·孔子世家》记载"累累若丧家之犬"）。彼时，孔子已是六十岁的老者，走投无路，总会让人心生凄凉悲壮之感，但是孔子则不以为然，还"欣然笑之""泰然处之"。

同学们，人生总有起起落落，正如大海有潮起也有潮落。假如有一天，你诸事不顺，叫天天不应，喊地地不灵，你是选择怨天尤人呢？还是一笑而过，断续前行。

活动五：仰望星空

（一）活动目的

引导学生树立人生理想，坚持人生理想。在追求理想的征途中，遇到艰难险阻时，依然能够相信梦想的力量，只要坚持前行，必定可以守得云开见月明。

（二）活动内容

（1）学习战国时期纵横家苏秦"毕业就失业"的典故。

（2）猜想苏秦散尽钱财最后还是“无业游民”的心理反应。

（3）猜想苏秦被父母嫌弃时的心理反应。

（4）设想一下，假如有一天你也面临毕业就失业，你是否还有勇气仰望星空。

（三）活动时间

约30分钟。

（四）活动道具

桌椅、纸笔。

（五）活动程序

（1）成员按小组围圈坐好，每组8～10人。

（2）小组讨论苏秦散尽钱财最后还是“无业游民”的心理反应。

（3）小组讨论苏秦被父母嫌弃时的心理反应。

（4）小组分享以上两个讨论的结果。

（5）小组成员分别完成活动内容4。

（6）每小组派出一个代表分享活动内容4的答案。

战国纵横家苏秦“毕业就失业”的典故

有人曾这样形容大学生：在校时，99%的大学生仰望星空，只有1%的大学生盯着地面。毕业后，99%的大学生盯着地面，只有1%的大学生依然仰望星空。在现实面前，很多大学生没有坚持自己理想的勇气，被现实所屈服。在我们的历史上，也曾经有一位优秀毕业生遇到毕业就等于失业的处境。

在中国历史上最动乱的时期——战国，有一位有志青年，名为苏秦，乃是古代谋略家，兵学圣人鬼谷子的学生。几年后学成下山，开始游说于各国，都不被采纳。最后他来到秦国，在一年多的时间里多次上书秦王，但是都被秦王驳回。苏秦此时衣服已穿破，钱财也用光，没办法，不得不回到家乡。他背着书箱，挑着行李，脸色又瘦又黑，一脸的羞愧。回到家里，老婆不理他，嫂子不给他做饭，父母也嫌弃他。

同学们，故事到了这里暂停。请你设身处地想想，此时苏秦心理作何反应？把你的答案写在下面。

接着让我们来揭晓后来的故事：

但他羞愧之余，更努力地读书，想要瞌睡时，他就用针刺自己的大腿，鲜血一直流到脚跟，这就是“锥刺股”的故事。一年之后，他揣摩出合纵连横之术，担任六国的国相。十五年之内，秦国不敢出兵攻打山东六国。六国给他送钱财、礼物的使者络绎不绝，苏秦成功逆袭。

看了苏秦的故事，你心中作何感想？假如大学毕业后，你也遇到暂时找不到工作的处境，你要如何应对呢？请拿出笔，预测和设想一下，你要如何坚持理想，实现逆袭。请把答案写在下面。

活动六：发现自我闪光点

自己给自己一个爱的拥抱

（一）活动目的

引导学生学会自我肯定、自我鼓励、自我欣赏，培养自信心。

（二）活动内容

寻找自己身上的优点。

（三）活动时间

约20分钟。

（四）活动道具

桌椅、纸笔。

（五）活动步骤

（1）老师带着学生赏析“天生我材必有用”“梅需逊雪三分白，雪却输梅一段香”“我劝天公重抖擞，不拘一格降人才”等脍炙人口的诗句。

（2）学生在表3-21中写出自己身上的10个闪光点。

（3）小结：每个人都有自己的长处和短处。在逆境时，要看到自己的长处。在顺境时，要看到自己的短处。

表3-21 我的闪光点

序号	内容
第1闪	
第2闪	
第3闪	
第4闪	
第5闪	
第6闪	
第7闪	
第8闪	
第9闪	
第10闪	

任务6 研学体验：春夏秋冬养心人文实验项目

【任务描述】

1. 了解研究性学习的概念
2. 了解研究性学习对大学生的影响
3. 进行研学体验的心理训练活动

【任务目标】

1. 掌握研究性学习的相关理论知识
2. 尝试开展春、夏、秋、冬四季研学活动

研学体验

【知识链接】

心理素质培养领域的研究性学习（又称探究性学习，Inquiry-based Learning）主张学习者以探究的方式进行心理知识和技能的学习，通过探究加深情绪体验和感悟，以此培养学生的创新能力。研究性学习鼓励学生主动观察生活，进行深入思

考，发现现实世界中存在的问题，继而形成可探究的问题，以此培养学生在心理健康领域发现问题、提出问题的能力，养成问题意识，培养学生的沟通、协作、领导能力，养成团队意识。

一、研究性学习促进大学生主体性发展

大学生研究性学习把培养大学生发现问题、研究问题、解决问题的能力放在重中之重的位置，把大学生置于一种动态、建构、发展、多元成长的学习环境中，给大学生更多的获取知识的方法和渠道，使他们在自主学习和探究中获得新的学习体验。在这一过程中，大学生作为具有能动性、独立性的个体，通过对现实世界的观察自主发现和选择问题，自行提出问题解决的策略并实施，以此获得问题解决之道，并且充分享有自主活动、自主发展的空间，摆脱传统教育方式对学生的束缚与禁锢，使其主体性得到充分调动和发挥。通过体验式活动，增加学生对研究性学习的充分认识，提升学生对研究性学习的使用意识；而后，使学生能够在未来的学习生活中发挥主体性意识、主体性能力，展开主体性活动，以促进自身主体性的进一步发展。探究式的体验活动的目的也就是增强大学生的主体性构建与发展。

研学式体验从学生的真实生活和发展需要出发，从生活情境中发现问题，通过探究、体验等方式，实现对问题的解决，简而言之就是做中学，或者从体验中学习，从而增强知情意。

大学生正好处在对自己内心的认识与驾驭关键阶段。日常生活中我们对内心的表达，在心理学学科范畴里面包含知、情、意三个方面。对知、情、意三方面的提升也就是养心的过程。心理学里面的“知”不仅是对内心过程有所了解与认识，最重要的还有感知能力。知相就是感知力，是认识或者了解心理活动的过程，以及了解身心的交互作用。它除了描述性记忆的大脑学习之外，更重要的是程序性记忆的身体学习。程序性记忆的身体学习就需要做中学或从体验中学习。心理学里面的“情”主要就是情绪与情感，情绪的控制与情感的培养，“意”主要指意志或意志力。情与意的心理学概念比较抽象，因此，身体的程序性记忆学习会比较合适，也就是通过做中学或者体验中学习。春生、夏长、秋收、冬藏，这是自然的智慧也是我们的智慧。

春生，希望所在。春季的养心主要是指内心的认知的提升。古人讲天人合一，心理健康讲的就是人与环境的良好适应。春季是一个万物生长的季节，有着生机勃勃的朝气与希望的状态，也更是了解生命、感知生命的最佳季节。人与自然的关系是最基本的关系，如果能够充分感知自然的生命力，那将会高度提升对自身生命力的充分感知的能力。春季的体验活动——“探究生命”，就能充分的提升同学们对自身和整个自然环境的生命的感知与认知。

夏长，韧性相伴。夏季的养心主要是对内心的知与情的学习体验。夏日如火，

正说明夏季是一个生命力最旺盛的阶段。我们透过在夏季植物的主动养育与动态观察，就能充分看到植物的生命力，植物如此，人更是如此，一系列的研学式体验活动，让同学们能更好地利用生命力发挥主观能力性服务学习与生活。

秋收，自信内聚。秋季的养心主要是对情的提升。同学们无论是在学习还是在生活当中，都会遇到大大小小的困难与挫折。秋季也是相对萧瑟让同学们容易陷入抑郁情绪的季节，我们通过“花样年华”的体验活动更好地认识自己、完善自己，去应对困难挫折以及环境的萧瑟。

冬藏，乐观聚集。冬季的养心主要是意志的学习与提升。冬季是一个天气肃杀的状态，人的意志相对减弱一些。虽然冬季的植物都基本衰败了，但通过我们人的意志力与创造力的主观能动性，可以对衰败的植物进行复原与保藏，让相框的记忆留给我们对生命复原乐观的惊喜。

【任务实施】

请同学们通过给出的活动方案，完成春、夏、秋、冬的四项活动任务。

春季：希望

成果展示：用艺术展示心路历程。

课程思政：培养家园情怀，了解生命的价值。

活动一：手语操——相亲相爱的一家人

（一）活动目的

活动身体，用心体会歌词的含义，感受家人的爱。

（二）活动内容

组织者带领同学们完成《相亲相爱的一家人》手语表演。

（三）活动时间

10分钟。

（四）活动道具

《相亲相爱的一家人》音乐伴奏及手语教学视频。

（五）活动步骤

（1）组织者教会成员每句歌词的手语动作。

（2）播放音乐，由组织者带领大家跟随着音乐做出相应的手语动作，直至音乐结束。

（六）学生分享

（1）同学们表示听完音乐，心里很平静，一边听一边做动作也很有趣。

（2）有人反馈《相亲相爱的一家人》，很励志很温馨，心里很感动。

（七）活动要点

指导员要提前学会并熟练手语动作，给成员简单解释手语动作的含义后，就可带领大家一起完成。

活动二：我最喜爱的一首歌

（一）活动目的

以歌会友，用歌交流，沉浸在音乐的海洋中。

（二）活动内容

每个同学分享一首自己喜爱的歌曲。

（三）活动时间

20分钟。

（四）活动道具

自己在手机上准备歌曲的伴奏，也可以不用。

（五）活动步骤

（1）主持人开场白。

（2）每个同学唱自己喜欢歌曲的一两句。

（六）学生分享

（1）每一首歌曲，都有故事。

（2）音乐点亮生活。

（七）活动要点

歌曲要健康积极向上。

活动三：探究生命

（一）活动目的

（1）感知生命，懂得生命的可贵，珍惜生命。

（2）树立正确的生命价值观。

（二）活动内容

感知生命。

（三）活动时间

60～100分钟。

（四）活动准备

（1）便于户外活动的着装。

（2）拍摄的器材，如手机、单反相机等。

（3）适合做记录的笔记本和笔等。

（五）活动步骤

（1）走出户外，用眼睛、鼻子、手、心感受大自然春天的气息，拍摄并记录下自己此时的感受。

（2）仔细观察自己感受到的生命痕迹：盛开的小花、飞翔的小鸟、多彩的蝴蝶、跳跃的蚂蚱、背着壳的蜗牛、石头缝里顽强的小草、折断枝丫依然生长的树木……

（3）选好题材、选好角度，定格瞬间，拍一张照片或一段视频。

（4）制作短视频，发布在教学平台上。

（六）学生分享

生命是可贵的，珍爱生命。

（七）活动要点

（1）必须是有生命的。

（2）生命要积极向上的。

夏季：韧性

成果展示：运动打卡好心情，了解龙舟竞渡传统文化，进行素质拓展。

课程思政：了解屈原的家国情怀、爱国敬业、行业榜样。

活动一：同舟共济

（一）活动目的

（1）培养团队成员之间的信任，成员之间相互鼓励与支持。

（2）培养学生面对问题、解决问题的能力，强化团队精神。

（3）通过身体接触，消除人际阻力，增加小组互动。

（二）活动内容

全体成员要一起想办法站在不断变小的报纸上，坚持至少10秒钟才算成功。

（三）活动时间

20分钟。

（四）活动需道具

每组一张报纸。

（五）活动步骤

（1）每个小组发一张报纸。

（2）要求全体小组成员站在报纸上，不能与纸外地面接触，并保持至少10秒钟。

（3）把报纸对折后再尝试，以此类推。

（4）能站在最小面积的报纸上的小组胜出。

（5）小组讨论：小组为什么能顺利完成任务？完成游戏后有什么感悟？

（六）学生分享

（1）这个活动可以体会到同伴之间的互相支持和信任，感觉很好。

（2）我们小组虽然在最后一次没有成功，但大家一起努力的过程也很让人温暖。

（七）活动要点

把报纸折小时，全体小组成员挤在报纸上的时候要注意安全。

活动二：呵护一种植物

（一）活动目的

（1）认识到我们和植物的密切关系，爱护植物，爱护环境。

（2）体验生命的奇妙和神圣。

（3）培养爱心。

（二）活动时间

不限。

（三）活动准备

（1）花盆、营养泥土、一种植物（或者在学校里“认养”一植物）等。

（2）查阅关于这种植物种植和养护方式。

（四）活动步骤

（1）将自己喜欢的植物种植在花盆里（或在学校里“认养”一种自己喜欢的植物）。

（2）根据这种植物生长习性进行养护。

（3）自己制作独特的植物成长档案，每星期记录一次。

（4）制作植物成长视频，发布在教学平台上。

（五）活动规则

（1）若选择自己种植，要注意大小、品种是否合适，有地方可以放置。

（2）若选择在学校里“认养”一植物，记住植物所在地方。当然，学校里的植物，不仅有自己的养护，也可能会有别人的养护。

（3）做好过程的记录（见表3-22）。

表3-22 植物生长档案

	第一周	第二周	第三周	第四周	第五周	……
叶子						
树干						
花						
……						

秋季：自信

成果展示：世界的某一个侧面。

课程思政：培养爱岗敬业、创业创新精神。

活动一：创业点子对对碰

（一）活动目的

（1）培养学生的创新精神。

（2）培养学生的创业意识。

（二）活动内容

头脑风暴创业点子。

（三）活动时间

10分钟。

（四）活动道具

无。

（五）活动步骤

（1）主持人做好开场白。

（2）每个同学依次做创业点子的发言。

（六）学生分享

有同学表示从同学们那里学到了不少的创业新点子。

（七）活动要点

（1）每个同学都要发言。

（2）同学发言的整个过程，只能听，不能评论。

活动二：健康十巧手

（一）活动目的

通过手部运动促进全身血液循环，唤醒身体。

（二）活动内容

指导员带领同学们完成“健康十巧手”运动。

（三）活动时间

5分钟。

（四）活动程序

（1）双手前伸，手肘微屈，掌心向下，大拇指内缩，平衡互相打击侧面36次。

（2）双手前伸，手肘微屈，掌心向上，平衡互相打击侧面36次。

（3）双手掌心向上，手掌相对，两手手腕互相打击36次。

（4）双手掌心向下，食指与大拇指展开成90度，左右手虎口互相交叉打击36次。

（5）两手手掌张开，手指互相分开，互相打击36次。

（6）左手握紧，右手掌面向左拳，互相打击36次。

（7）右手握紧，左手掌面向右拳，互相打击36次。

（8）右手掌心向上，左手掌心向下，两手手背互相打击36次。

（9）双手大拇指、食指拉左右耳垂36次。

（10）左右手掌心互相摩擦6圈至微热，双手掌心轻按双眼，眼球左右转动6次，再次搓热手掌心，轻按双眼6次。用搓热的双手，从头上沿着脸部做几次轻抚，轻抚自身觉得不舒服的部位。

（五）学生分享

（1）学生表示手掌都拍红了，拍完感觉很舒服，整个人都很精神。

（2）学生表示这个运动简单易学，想每天都坚持做。

（六）活动要点

每个动作大家都要完成到位。

活动三：花样年华

（一）活动目的

（1）学会收集自己的各种资料。

（2）对自己认同，完善自我，超越自我。

（二）活动内容

收集自己从大一以来值得纪念的成长照片、视频、证书等资料。

（三）活动时间

大一到大三。

（四）活动准备

（1）收集自己从大一以来的值得纪念的成长照片、视频、证书等资料。

（2）制作视频的软件、器材等。

（五）活动步骤

（1）将自己从大一进校至今的时光，划分为各种值得纪念的阶段。

（2）根据各阶段，收集相应的照片、视频、证书等。

（3）制作自己的花样年华视频，发布在教学平台上。

（六）学生分享

（1）珍贵的纪念时光。

（2）让自己更有自信。

（七）活动规则

（1）收集的资料要让自己有幸福感、自信感、愉悦感。

（2）制作视频时，要配上音乐和解说等。

冬季：乐观

成果展示：“成果”的分享，大胆表达内心的想法，进行素质拓展。

课程思政：培养家庭观和团队精神，热爱和平。

活动一：爱要怎么说

（一）活动目的

通过角色扮演，学习爱的表达方式，并学会拒绝自己不爱的人。

（二）活动内容

一系列的角色扮演，包括如何表白、如何拒绝一个自己不爱的人、如何约会交谈等。先由组织者做提示，成员们再进行角色扮演，然后互相评价、讨论、交流。

（三）活动时间

30分钟。

（四）活动步骤

1．如何表白

组织者提示：表达爱的方式多种多样，可以有以下几种方式：

（1）用你的眼睛传送爱的信号。这是一种比较含蓄的方法，当对方注意到你的注视时，不要逃避，镇定坦然地凝望着她（他），把你的爱意表现在眼睛里。

（2）以你的关爱行动来表示。用实际行动来表示对倾慕对象的关心、帮助和亲昵，如下雨天送雨伞，在她生病时前去看望或者投其所好。

（3）用书信和写字条来传达感情。你无法用言语说出来的话，可以写下来，这也是很好的方法。

（4）送去代表相思之情的爱情信物，如红豆、亲手做的首饰、荷包、手工艺品等，让对方睹物思人，知道你的心思。最经典的表达方式就是送上一枝写着“我爱你”的红玫瑰。

请选择其中一种方式，或独创一种方式，小组每名成员进行角色扮演，之后由团队其他成员进行评论，小组内部交流。完成后下一名小组成员循环进行。

2．如何拒绝一个我不爱的人

组织者提示：婉转而又坚定地拒绝一份不想要的感情，确实是一件不容易的事。说“不”需要很大的勇气。在人际交往，尤其是密切交往的关系中，如果一方提出了某项请求是你不能接受也无法允诺的，尽管你十分想拒绝但最后要说出“不”来，不是件容易的事，因为他是你在意的人，并不想伤害他。但如果你一时心软，说了声“是”，则很可能在不久的将来既伤了自己，又伤了他（她），而且伤得更重。人的感情勉强不得，更何况这是一份揉不进一粒沙子的爱情。不过，在拒绝之前，你一定要好好地问一下自己：“我有没有真正看清自己对他（她）的感情？我是不是回答得太快了？我是不是还需要好好地想一想？”如果你确定不爱他那么就坚定地离开他，勇敢而温柔地说上一句：“对不起！”爱是一份美好的感情，不论你是否想要，简单粗暴乃至伤害性的拒绝是必须避免的。你可以拒绝一个爱你的人，但不要伤害一颗爱你的心。

用一种方式进行拒绝爱的角色扮演，小组每名成员进行角色扮演，之后由团队其他成员进行评论，小组内部交流。完成后下一名小组成员循环进行。

3．如何提出约会的要求

组织者提示：建立感情、维系感情都不是一件简单的事，约会也要动动脑子，以便不断地变换约会的内容和形式。约会可有以下多种形式：

（1）消遣游玩：逛街、看电影、听音乐会、参观博物馆、游动物园、野餐、逛书店、看话剧、旅行、品尝不同风味的食品、看日落、钓鱼、雨中散步、游公园、乘观光船游览等。

（2）运动：打网球、打羽毛球、放风筝、爬山、游泳、打乒乓球、跑步、练健身操、骑单车等。

（3）社会服务：探访患病亲友、在图书馆当义工、在社区当义工。

（4）学习与进修：参加讲座、兴趣班、提高班，阅读书籍，到图书馆学习。

（5）扩大社交圈子：参与朋友聚会、参加生日派对、参加集体活动。

（6）增进交流，沟通思想：双方沟通对事物的看法，如学校生活、交友体验、对金钱的看法、对前途与职业的看法、自己的理想、生活中的难忘事件受挫折的经历。

4. 进行约会交谈的角色扮演

约会交谈要事先准备一些话题。第一阶段可以从一些无关紧要的、比较小的事情谈起。比如“今天的天气多好呀”之类的天气方面的话题，或者“今天车怎么还不来，车可真堵”之类的交通方面的话题。这类话题往往可以用作开场白。然后可以把话题引到些中性的事情上，切忌涉及私生活、经济状况等深层的问题。中性的话题有很多，比如：谈报纸杂志上的流行趋势、当时比较轰动的新闻、热门的电影、电视节目和歌曲等公众性的话题；谈校园内的大事、学业、校园生活等方面的事，谈双方都知道的人；谈业余爱好，对方喜欢什么等。从身边的人或事谈起，逐步深入，双方产生共鸣，话题自然就会多起来。

小组每名成员进行角色扮演，之后由团队其他成员进行评论小组内部交流。完成后下一名小组成员循环进行。

（五）学生分享

（1）在这个这活动中，你有什么感受？

（2）你能接受什么样的邀约方式和拒绝方式？

（3）该不该主动交往？

（4）该不该拒绝？

（六）活动要点

（1）要勇敢说“不”。

（2）要掌握恰当的拒绝方式。

活动二：穿越电网

（一）活动目的

（1）培养团队协作精神。

（2）培养学生敢于面对困难，共同研究解决困难的能力。

（3）培养热爱和平的意识。

（二）活动内容

在规定时间内，所有队员的任何部位都不允许碰网，从网的一边依次通过到达另一边。

（三）活动时间

每个小组约15分钟。

（四）活动道具

模拟电网。

（五）活动步骤

（1）介绍穿越电网活动的背景。

（2）分小组，每个小组约10人。

（3）小组研究行动方案，在所有队员的任何部位都不允许碰网的情况下，从网的一边依次通过到达另一边。

（4）小组抽签比赛顺序。

（5）开始比赛，按要求通过时间最短为胜。

（六）学生分享

（1）每个同学基本上都是可以通过网洞的。在现实生活中，困难往往没有我们想象的那么大。

（2）团队协作很重要。

（七）活动要点

（1）如果有队员碰网，该洞口将被封闭。

（2）每个“电网”洞口至少有一位同学要通过。

活动三：独特的相框

（一）活动目的

（1）感受大自然带给我们的惊喜。

（2）相信自己能完成看似复杂的事情。

（二）活动内容

使用干花、干叶等制作精美的相框

（三）活动时间

一个星期。

（四）活动准备

构想这个独特画框的画面。

（五）活动道具

相框、各种干的植物、白色卡纸、锡纸、胶水、镊子、贴膜。

（六）活动步骤

（1）在户外采集自己喜欢的小花、小草、树叶等。

（2）用压花板将采集到的花草材料做成干的材料。

（3）将白色卡纸、锡纸、贴膜剪成和相框一样的大小、形状。

（4）用镊子把干的植物材料按自己的设想摆在白色卡纸上，确认是自己想要的画面后，用手机拍下照片（以备后面若画面出现移动），然后用胶水将摆在白色卡纸上的植物贴好，待干后，用贴膜对准卡纸的四周贴好。

（5）白色卡纸的背面用锡纸贴完整，用于防潮。

（6）将做好的干花图放进相框。

（七）学生分享

（1）看似复杂的任务，其实操作起来并没有想象中那么难。

（2）增加自信。

（八）活动规则

（1）充分发挥想象。

（2）干花容易碎，要细心放置。

项目小结

本项目主要围绕心理资本四大要素展开教学，进一步介绍了提升希望、增强韧性、拥有自信、保持乐观的具体方法，让学生深刻理解心理资本四要素的内涵和提升策略，提升学生的心理资本和心理健康素养，培养学生自尊自信、理性平和、积极向上的社会心态。

项目四

匠心的超越

项目任务

任务1 放眼世界 了解赛事

任务2 找到自己的赛道

任务3 积极参赛 促进成长

任务4 回望反馈 从『心』再出发

任务5 世界咖啡——自我成长分享会

任务1　放眼世界　了解赛事

【任务描述】

了解世界各级各类赛事以及我国职业技能大赛

【任务目标】

1. 了解各类技能大赛的特点，开拓视野
2. 通过赛事培养家国情怀，完善健康人格

放眼世界　了解赛事

【知识链接】

生命的过程在于体验和成长。不管成功还是失败，美好还是伤悲，都是一种体验，都是有价值的成长资源。

讨论分享：社会上有一种观点“不要输在起跑线上”，你对这一观点的看法是什么？

人生是漫长的旅途，过程中有竞争、有合作、也有独行，是比赛，也是合作，更是创新和生活。如果说人生是一场比赛，更多是和自己比，和自己的昨天比。什么是比赛？比赛的本质、哲学和意义是什么？人生可能遇到的比赛有什么？在大学里，对待比赛应有怎样的态度和心态合适？

怎样学会在全球的格局中做事做人？怎样成为国际社会的优秀领导者和积极对话者，而不仅仅是合格的追随者、参与者和求职者？怎样学会在全人类的意义上建功立业？这是实现中华民族伟大复兴不可回避的现实问题，也是当代中国高等教育必须直面的紧迫教育课题。

职业教育与普通教育一样也是实现学习者全面发展的重要途径，职业教育的内容载体是“综合性的职业行动”。职业院校办学的赛事主要目的是培养学习者的综合职业能力，也就是在复杂职业情境中整体化地解决综合性问题的能力，具备这种能力的学习者能在将来的职业工作、社会活动和日常生活中进行科学思考，对个人和社会负责任地开展职业活动。一般认为，综合职业能力包含专业能力、方法能力、社交能力和个性能力等，是个体综合素质的实质化呈现。学习者只有热爱所学职业领域的工作，有长期从事相关职业的愿望，才有可能提升和发展自身的职业能力。

职业行动能力是个体在特定职业、社会和私人情境中，进行缜密而恰当的思考并对个人和社会负责任行事的意愿和本领。行动能力评价，只能在工作中使用综合性工作任务的考试形式，考察学习者规划、实施、控制、调试和反思的能力。“职业行动能力”逐渐被社会所认同，这也是职业教育从“技能训练”走向“能力发展”的表现，反映了社会对技术技能人才要求的提高。

情境性考试任务是基于发展性任务而开发出来的，即在真实职业情境中进行工作，通过对被试者工作行为、工作成果的观察和对特殊工作环节的解释，评价被试者职业能力的高低；通过解决（或没有成功解决）问题的方式，评价实践问题的解决策略，包括职业学习策略、专业化工作策略和专业合作策略。

在情境性考试中，被试者应规划形式、制定方案并说明理由，做好实施准备，并实施计划；在口试中，被试者应展示工作的结果，对工作成果和工作过程进行自我评价，对实施效果偏离计划的情况进行说明。未来的职教人才评价应遵循完整的行动模式，基于计划、实施和评价等完整工作过程，让学习者全程参与，努力化解学习者个性发展的“教育性目标”和行业需求的“实用性目标”之间的矛盾，既应该满足现实需求，又应该促进学习者的全面发展。

《国家职业教育改革实施方案》（国发〔2019〕4号）中明确指出，要制定中国技能大赛、全国职业院校技能大赛、世界技能大赛获奖选手等免试入学政策，探索长学制培养高端技术技能人才；要求按照国家有关规定加大对职业院校参加有关技能大赛成绩突出毕业生的表彰奖励力度。在2019年“双高计划”资格评选中，全国职业院校技能大赛承办次数和获奖情况占了九大指标中的2项。由此可见国家对职业院校技能大赛，特别是全国职业院校技能大赛的重视程度，技能大赛成绩已经成为职业院校办学实力的重要标志。

曾几何时，理清“远大理想抱负、高尚道德关怀”与“精致的利己主义”之间的关系，教导青年学子们关爱他人、关心社会、感恩父母、回馈母校、报效国家、奉献人类，成为教育领域需要面对和解决的必答题。SDG（Sustainable Development Goals，可持续发展目标）开放创新马拉松挑战赛、世界技能大赛等各大赛事，正是在全人类意义上做事、在全球视野下思考、在生活实践中行动的综合性比赛。因此，职业院校可以以各级各类赛事为抓手，带领学生放眼世界，通过赛事培养家国情怀，提高自身能力，完善健康人格。

目前，职业院校较为熟悉的赛事主要包括世界技能大赛、高职技能大赛、行业职业技能大赛、创新创业类大赛、中国技能大赛以及包括SDG开放创新马拉松挑战赛在内的各级各类综合赛事。帮助学生立足自身专业，拓展国际视野，找到属于自己的赛道，以比赛提升学习效果，以比赛促进自我成长。

一、SDG开放创新马拉松挑战赛

SDG赛事（以清华大学2020年赛事为例）结合联合国可持续发展目标设立19个主题分赛场，分别由不同院系的教授担任主讲老师。学生可以自由选择感兴趣的挑战主题，现场组成跨院系创新团队，针对某个与SDG相关的问题进行解决方案的开发。参赛对象不限院系、不限专业；可以个人参与、团体参与；可以有项目，可以带着想法来，也可以现场寻找灵感。

可持续发展目标共17个大目标，共包含169项具体目标。

（1）在世界各地消除一切形式的贫困（No poverty）。

（2）消除饥饿，实现粮食安全、改善营养和促进可持续农业（Zero Hunger）。

（3）确保健康的生活方式，促进各年龄段人群的福祉（Good Health and Wellbeing）。

（4）确保包容、公平的优质教育，促进全民享有终身学习机会（Quality Education）。

（5）实现性别平等，为所有妇女、女童赋权（Gender Equality）。

（6）人人享有清洁饮水及卫生设施（Clean Water and Sanitation）。

（7）确保人人获得可负担、可靠和可持续的现代能源（Affordable and Clean Energy）。

（8）促进持久、包容、可持续的经济增长，实现充分和生产性就业，确保人人有体面的工作（Decent Work and Economic Growth）。

（9）建设有风险抵御能力的基础设置、促进包容的可持续工业，并推动创新（Industry，Innovation and Infrastructure）。

（10）减少国家内部和国家之间的不平等（Reduced Inequalities）。

（11）建设可持续的城市及人类住区（Sustainable cities and communities）。

（12）确保可持续消费和生产模式（Sustainable Consumption and Production）。

（13）采取紧急行动应对气候变化及其影响（Climate Action）。

（14）保护和可持续利用海洋及海洋资源以促进可持续发展（Life Under Water）。

（15）保护、恢复和促进可持续利用陆地生态系统、可持续森林管理、防治荒漠化、制止和扭转土地退化现象、遏制生物多样性的丧失（Life on Land）。

（16）促进有利于可持续发展的和平、包容的社会，为所有人提供诉诸司法的机会，在各层级建立有效的、负责的和包容的机构（Institutions，good governance）。

（17）加强执行手段，重振可持续发展全球伙伴关系（Partnerships for the goals）。

SDG活动特色为：SDG价值观塑造（SDG Value-driven）、挑战性学习（Learning with Challenge）、体验式学习（Experiential Learning）、课赛结合（Course + Competition）、学科交叉（Cross-discipline）、科教融合（Research to Education）、专创融合（Tech+Innovation）、同伴分享（Peer-sharing）、开放创新（Open Innovation）、校企合作（University-corporation Partnership）、国际合作（International Cooperation）、线上线下融合（Onsite and online）。

学生收获主要包括：参加挑战赛的学生在24小时内，和优秀的伙伴一起进行头脑风暴和团队会战；通过学习可持续发展目标，在获得体验式、问题导向学习经历的同时，还可以获得与其他各院系最具创新精神的师生切磋互动的机会；从参与者们多元的专业和文化背景中，获得启发创新创业创造的灵感，打破思维的局限；通过与企业合作，一起开发满足社会需求的创新方案，从而更好地将创新知识和社会环境相融合，开阔视野；表现突出的挑战团队还有机会获得“行业大咖”一对一的培育辅导，并有机会享受到清华大学创意创新创业教育平台（简称清华x-lab）提供的日内瓦社会创新之旅奖学金，获得创新实践学分以及由清华大学、日内瓦大学、联合国训练研究所联合颁发的荣誉证书。

二、世界技能大赛

技能是经过练习而形成的规则性动作体系，是智力活动和肢体动作相结合的复杂系统。现代社会的技能内涵得到了非常大的扩展。从世界技能大赛的试题开发和设计来看，世界技能大赛所指的“技能”实际上属于“能力”范畴。技能的“能力化趋向”在《欧洲资格框架》等重要的国际法律法规文献中也体现出来。国务院2019年印发实施的《国家职业教育改革实施方案》提出，职业院校的职业技能等级证书，要反映职业活动和职业生涯发展所需的综合能力。因此，《国家职业教育改革实施方案》中的“1+X”技能等级证书的考试评价应反映出被试者的综合能力水平。

世界技能大赛被誉为“世界技能的奥林匹克”，一个国家或地区在世界技能大赛取得的成绩一定程度上体现了该国或该地区的技术技能发展水平。世界技能大赛推动了全球青年从业者（主要是职业院校学生）技能的提升和提高。世界技能大赛采用反映典型工作任务的竞赛题目和真实性评价策略，使用分析性量规及主客观评分标准。

2020年12月人社部举办的中华人民共和国第一届职业技能大赛提出，应参照世界技能大赛技术标准组织制定技术规则和技术文件。2020年教育部发布的《全国职业院校技能大赛改革方案（征求意见稿）》和《关于举办2020年全国职业院校技能大赛改革试点赛的通知》也非常明确地提出，要对接世界技能大赛，借鉴世界技能大赛办赛机制，参考世界技能大赛技术赛项文件。因此，我国目前最重要的两个国家层面的职业技能大赛都认识到应该学习世界技能大赛在竞赛目的、赛项设置、评分标准、考核内容和考核环境等方面的成功经验。

世界技能大赛涉及创意艺术与时尚、运输与物流、信息与通信技术、结构与建筑技术、制造与工程技术、社会与个人服务等六大领域，涵盖了大多数职业领域。世界技能大赛每个赛项的试题都是由一组内容相关的题目组成的，也称为每个赛项的“模块”。如第四十四届世界技能大赛时装技术赛项要求选手在4天的18个小时内，完成立体造型制作、服装系列设计、服装设计制版、服装设计制作和服装装饰设计5个考核模块，这涵盖了服装设计、制版、制作以及装饰的完整过程，检验的是选手在真实工作情境中整体化解决综合性专业问题的综合职业能力。第四十五届世界技能大赛糖艺/西点制作赛项赛程为4天，共有四个模块，模块一是糖艺展示作品；模块二是庆典蛋糕制作；模块三是巧克力糖果制作；模块四是甜点制作，此模块作为神秘模块考验选手的临场技能发挥。

可以看出，世界技能大赛试题的设计理念是基于职业的“典型工作任务”，因为典型工作任务代表着职业的专业化水平。世界技能大赛的题目一般要提前六个月进行公开，但真正比赛现场的具体内容和具体要求会有30%左右的变化，有的赛项还有神秘模块（如糖艺/西点制作赛项），有些赛项的模块还有未知设备（如机电一体化赛项），目的是考验选手的临场技能发挥。完成典型工作任务需要很高的获取信息和解决问题的能力，这对专业知识、技能、技巧及学习能力提出了非常高的要求，参赛选手要具备较强的应变能力和创新能力。因此，可以看出，世界技能大赛的题目呈现了人文主义的技术观，将社会价值融入到技术设计与技术使用过程中。

世界技能大赛主要采用分析性量规，其内容非常精准、涉及范围广泛，能对细节部分开展准确和详细地描述。比如，第四十四届世赛时装技术赛项满分为100分，共95个评分小点，其中最大评分点的分值为2分，最小评分点的分值仅有0.2分。它对每个细节部分都进行了详细的描述，连面料铺排是否平整都被关注在内，被分配了0.2分的分值。它不仅包含对选手工艺技术、设计能力、创新能力、效果表达能力的考核，还关注到了对选手的工作习惯和细节意识的考查。分析性量规来源于现场生产实际或产品质量的真实技术标准，它不是简单操作技能标准，目的也不是考查知识的积累水平，而是针对完成情况和技术水平，关注工作过程质量和行业规范要求。

世界技能大赛的试题是来源于现实职业情境中（或类似）的真实性任务，参赛选手须利用已有的专业知识、技能和策略完成这些试题，这样才能考查参赛选手的知识水平和应用能力。这种“真实性评价”的特质是：基于工作过程的真实工作任务，职业活动的整体性，涵盖内容、过程和价值的评价标准体系，按照行业要求进行全方位的评估，不单单是考查知识技能点的学习与获得。通过是否能完成真实性工作任务来考查参赛选手的问题解决能力和对复杂工作的把握程度，体现了职业效度。世界技能大赛在设计评分标准的时候，主要是按照行业实际工艺标准和产品精度要求而制定。世界技能大赛采用了竞赛信息系统（Competition Information System，CIS），该系统包括主观分和客观分，增强了评分的精准度，降低了裁判评分的随意性，提高了评分标准的可操作性。例如，时装技术赛项的服装设计、制作与精密部件加工不同，没有客观、精确的评判标准，评判的结果很容易受到裁判个人品位的影响。

三、全国职业院校技能大赛

近年来，随着世界技能大赛（以下简称“世赛”）和全国高职院校技能竞赛（以下简称“国赛”）的持续升温，在职业院校掀起了开展技能大赛的热潮。2007

年4月26日，以“技能中国”为主题的技能竞赛在北京启动，从此拉开了技能竞赛的帷幕。2008年6月27日～30日由教育部主办、天津承办的首届职业全国职业院校技能大赛隆重开幕，每年的五六月份被定为全国职业院校技能竞赛月。

从大赛层级分析，技能大赛分国家级、省级、市级三个层级，分一类、二类比赛，一般由教育主管部门牵头组织。从奖项设置看，大赛设一等奖、二等奖、三等奖三个奖项，获奖学生可获投档加分，并为学生或团体获一等奖的大赛指导教师颁发优秀指导教师奖。从赛事情况看，国赛一般在6～7月举行，省赛、市赛由各省、市自定时间。大赛分中职组和高职组两类，以国赛为例，共涉及18个专业大类，8个分赛项，并且每年会做相应调整；从参赛限定条件看，国赛各省份个人项目每赛项人数限定4人以内，团体每赛项限定2队以内。参赛的中职生不超过21周岁，获奖选手次年不得重复参加曾获奖的赛项，指导教师须为本校专职或兼职教师。

我国职业院校技能大赛是依据国家职业技能标准结合专业实践开展的，以突出操作技能和解决实际问题能力为重点的竞赛活动，主要是按照教育行政部门或职业院校制定的教学标准建立评分标准体系。评分标准属于整体性量规，它的内容较为精简，评分要点少，概括程度高。2018年服装设计与工艺赛项的评分标准共有六个评分项目，28条评分要点，每个评分项目须依据相应的评分要点进行整体评分。例如，裁判对服装设计模块选手的服装系列款式图进行评分，需要从设计能力、款式绘制、色彩效果、整体效果、数量要求五个方面进行整体打分。尽管这五个评分要点占有不同的比重，但在实际的评分过程中并不会被准确计算，评分往往通过裁判的整体判断进行。

全国性职业院校技能大赛的兴起以2002年长春举办的全国中等职业学校技能大赛为显著标志，这次技能竞赛是进入21世纪以来，我国职业教育的第一次国家级综合技能大赛。改革开放后，随着“走出去，引进来”不断加深深度，拓宽广度，我国新型工业化进程也随之加快。尤其加入世界贸易组织（World Trade Organization，WTO）后，人才的国际流动与碰撞更加使人们意识到，在国际竞争中，提高各行各业人才的竞争力才是让我们能够长久稳稳地立于世界之林的利器。比赛贯彻落实党中央、国务院对职业教育工作的决策部署，坚持“以赛促教、以赛促学，以赛促改、以赛促建”的总体思路，强调四个“指引”，着眼四个“推进”，突出四个“提升”，强化四个“特性”，持续推动职业院校教育教学发展。职业院校技能大赛的意义已绝非赛事本身，更多的是探究其对高素质人才培养的价值，对职业教育发展的影响。目前特色品牌专业的审批、规范化学校的验收等项目，都离不开对技能大赛成果的审核，技能大赛水平已成为职业学校办学质量的评判标准之一。

【任务实施】

请同学们查找资料了解更多的职业技能大赛，找到最适合自己参加的比赛。

任务2　找到自己的赛道

【任务描述】

1. 寻找适合自己的赛道
2. 学习专注的工匠精神

【任务目标】

1. 学习如何寻找适合自己的赛道
2. 养成保持专注、持之以恒的行为习惯

找到自己的赛道

【知识链接】

在了解了自己，了解了各项赛事后，做好充分的准备，找到契合自己的赛道，是我们下一步要做的事情。寻找自己的赛道是一个不断调整的动态过程。只有深深地洞悉并参与实践，才能够更好地定位和挑战自我，以扎实的劳动和灵活的创造，持续不断地改变人生、改变社会、改变世界。

对于很多没有参加大赛经验的同学和希望尝试跨界探索的同学来说，模拟SDG开放创新马拉松挑战赛的赛事，尤其是满足“无院校限制、无院系限制、无专业限制、无年级限制”特点的无界开放创新挑战赛，适合作为竞赛“小白”和跨界尝试的人士。尤其是在那些已经与SDG赛事中国组委会执行单位合作，引进SDG开放创新马拉松挑战赛相关课程、资源、平台的高校。

在已经举办的历届SDG开放创新马拉松挑战赛中，参赛选手来自中国、美国、澳大利亚、马来西亚、日本、加拿大、韩国、菲律宾、芬兰、奥地利、新西兰等诸多国家和地区的两百多所高校，分布于中国以外的30多个国家和地区，是一场以实现人类可持续发展目标为主题的开放创新国际青年盛会，是当代青年，特别是当代中国青年致力于实现人类可持续发展目标与青春力量的一次集中展示。SDG开放创新马拉松挑战赛最吸引参赛者的地方有四个：一是创新体验，二是挑战性学习，三是自我提升，四是结识新伙伴。通过聚焦联合国可持续发展17项目标和169项子目标中的各类实际问题，增强了当代学子的家国天下情怀和生活实践。它是以团队合作和问题解决为根本特征的行动学习和实践教育，突破了每个人所具有的眼界、思维、格局、知识面、思想力等各方面的发展局限性，既是破解大学生存在的“精致利己主义”“空心人”“巨婴症”“近视眼”等病态的一剂良方，也是挑战自我、解决问题、创造价值、改变世界的绝佳切入点。参赛者们各展所长，线上线下通力合作，围绕乡村振兴、智慧城市、可持续发展能源、良好人居生活、性别平等、智慧旅游等多个领域主题，为可持续发展目标的诸多领域带来具体的创新解决方案。

参赛学生分享：

参赛学生A：“这次SDG开放创新马拉松挑战赛对我来说是非常奇妙的体验。短短几十个小时的精诚合作让一个简单的想法逐渐变成了具体的方案设计，这样的经历本身就是一笔财富。在决赛的现场，除了展示出我们的想法，我觉得更重要的是观摩学习其他团队的思维，每支团队都很优秀，可以说每个方案都让我感到思维沸腾！一位评委的赛后点评让我记忆深刻，他说挑战赛仅仅是创新的一小步，真正的创新是人生尺度上的马拉松，是一种生活的态度。我想这也是这场比赛对我最大的启示。希望有更多的同学能参与到未来的SDG事业中来，不尝试一番，你永远不知道自己会有多大的能量！”

参赛学生B：“非常难忘的一次体验。在小组成员的交流讨论、相互学习、相互启发中收获颇丰，也意识到食物浪费这一问题的复杂性与多样性。生活中随处可见的问题，看似易于解决，实际上困难重重，面对多方利益与环境自然的天平，需要更全面地思考以寻找问题的最优解。”

参赛学生C：“我希望在读书期间，不只是关注自己个人的生活和学习，还可以在全球议题上作些贡献和发展，我想通过这次机会跟不同学科背景的人有所交流。”

参赛学生D：“这次的工作坊和比赛使我们组里每个人都收获颇丰。我们团队的6个人来自5个不同的国家，有着6种完全不同的背景方向，能够有机会在一起共同思考智慧城市这一主题本身就是一种独特的组合和缘分。跨学科交流和文化背景多元化的优势在我们这次的合作中体现得淋漓尽致。短短的几天我们对智慧城市这一话题有了比以前更加深刻的认知：每一个主讲老师的课程，都从不同的角度给我们带来新的理解，让我们不光得以认识到现在的世界是怎样的，更重要的是让我们有了我们都可以做什么的方向。作为一个创新设计马拉松比赛的参赛者，我们不光是接受了一场生理心理的双重挑战，更重要的是我们在这一过程中不断地在创意构想和知识整合方面突破自己。”

当然，如果已经认准专业赛道，如世界技能大赛、国赛的同学，则可聚焦专业的职业能力进行发力。无论我们选择哪条赛道，最关键的是开始行动。

一、工匠情怀

工匠精神：匠心筑梦　匠艺强国

在世界各国，工匠精神在不断地传承着，如中国很多的非遗文化传承项目、瑞士手表和军刀、德国汽车以及日本寿司都是代表。正是由于每代人不断地坚持，专注一心，才有了这些长盛不衰的辉煌成就。对于不同的国家而言，工匠精神始终贯穿于他们优秀的传统文化和现代精神中。以质量为生命是专注精神的体现，只有好的质量才能赢得好的声誉，因此不断打造出高质量产品是每个企业都要追寻的目标。瑞士的制造商也同样对产品有着一丝不苟的要求。制造商对每个零件、工序、技术都以精益求精的极致主义精神打造。尽管瑞士没有丰富的物产和广博的国土面积，却本着专注的工匠精神成了经济最稳定、最富有的国家之一。

21世纪的我们，也应该学习这种专注的工匠精神，珍爱自己的事业，对自己的选择负责，这样才不会浪费生命。要知道，现代社会的竞争日趋激烈，所以，我们必须专心致志，无论做什么都要全力以赴、持之以恒，只有这样才能在专业的领域做到得心应手，取得出色的成绩。

【案例分析】

有一种情怀叫作工匠精神：纪录片——《我在故宫修文物》，一部记录故宫书画、青铜器、宫廷钟表等稀世珍奇文物的修复过程和修复者的生活故事。文物修复者们十年如一日、令人敬佩的工匠精神感动了无数观众。从中我们看到了平凡生活中不平凡的追求，看到了失落的“匠人精神”，也看到了对文物精雕细琢的执着精神。这些文物的修复者们从喧嚣的花花世界走进了安静的修复工作室，他们用双手和心灵打磨着一个个文物：齿轮的对接、漆色的调配、纸张的装裱……一层一层地上色、一个一个地拼接、一针一线地缝制，每一步都需要十足的耐心和精湛的技艺去仔细琢磨完成。他们倾尽一生，只专注于一件事。

中国历史上的“工匠精神”案例：《庄子·内篇·养生主》中记载了一个“庖丁解牛”的故事。厨师庖丁对梁惠王说的一段话：“臣下研究的是事物的本质规律，这已经远远超过了只是对于宰牛技术的研究。我刚开始练习宰牛的时候，对于牛的身体结构还不是很了解，看见的就只是一整头牛的外观。等到三年之后，我的技艺有了进步，再见到的就是牛的内部肌理和筋骨。在我宰牛的时候，不再只用眼睛去看牛的身体，而是找到牛内部的肌肉纹理，顺着其骨节间的空隙下刀，劈开筋骨相连的位置。这样下刀，我的刀从来没有碰到过经络和肌肉相连的地方。技术高超的厨工用刀子去割肉，因此他们每年都要换一把刀；而技术一般的厨工是用刀子去砍断骨头，因此每个月都要换一把刀。臣下的这把宰牛刀已经用了将近十九年，宰过的牛有几千头，而刀口却锋利得像刚磨过一样。这是因为牛身上的骨节是有一定空隙的，用刀刃刺入有空隙的骨节中，在运转刀刃时要留有一定的宽绰余地。不过即使如此，每当碰上筋骨相连、难以下刀的地方，臣仍然十分小心谨慎。刀子只需要轻轻地动一下，骨肉就会刺啦一下分离开来，如同一堆泥土一般散落在地上。”庖丁之所以有如此精湛的宰牛技术，与其多年专注的练习是分不开的，这种对于技术精益求精的追求，是一笔传承至今的精神财富。在人类璀璨的历史长河中，有无数的巧夺天工的珍宝，它们都是各个时代的工匠们数十年如一日的执着精神的产物。正因为有了这种专注一事、坚守一生的追求，才让这些宝贵的技术和器物有了生命的温度。

二、保持专注

【心理实验】“看不见大猩猩”的实验。

美国伊利诺伊大学的丹尼尔·西蒙斯教授曾经做过一个名为“看不见大猩猩”的实验。研究人员让几名实验对象观看身穿白色和黑色衣服的大学生互相传球的视频。开始时实验对象们被告知“一会儿会问你们穿黑色衣服的人互相传了几次球”，为了回答这个问题，实验对象们仔细地看着穿黑衣服的人的动作并且记录传球的次数。实验结束后，研究人员问实验对象传球的次数，基本上注意观看的人都会答出来。但是再问他们有没有看到其他东西时，很大一部分人表示没有看到别的东西，而另一部分人则说看到了一只大猩猩。随后研究人员让另一批实验对象戴上眼动仪再进行这个实验。从眼动仪上可以看到，声称没有看到大猩猩的人，他们眼睛的运动轨迹有一段时间是落在大猩猩身上的。那么他们为什么说没有看到呢？

这个实验向我们展示了一个被称为“非注意盲视”的现象，这个现象揭示了一个问题，那就是在过于集中注意力的时候，我们会产生一些注意力盲区，对很明显的事情“视而不见”。问题的关键就在于我们的注意力其实是存在选择性的，当我们观察事物的时候，如果只关注特定的对象，就会忽略其他的部分。在潜意识里对特定的关注目标给予过多的关注，会撇清其他干扰性的事物，注意力就会集中在一处。上述实验中的大猩猩，就是作为干扰物被忽略掉的。

很多情况下，专注思维适用于解决某一项具体问题，比如我们需要认真思考工作的进度如何安排才能更有效率，各部门如何分工更为合理，或是当前遇到的一个负面问题应该如何进行危机公关并加以解决……我们应该运用专注力去激发思维网络，从而抓住问题的重点再进行认真地思考，这样更容易找到解决问题的办法。

因此，在做事的时候应尽量排除影响注意力的干扰物，把注意力集中在关键的地方，培养自己的专注力，这将会是受益终身的好习惯。世界上最宝贵的是精力，浪费精力在无聊无效的事情上就很难在工作上有所建树。一个人的时间、资源、能力都是有限的，该学习的时候玩耍，该刻苦的时候享乐，那么你就不要想着能够在人群中出类拔萃。当然，如果事事都想精通，都想尝试也是不现实的，聪明的人懂得如何利用好时间，把主要的精力投放在一件事上，只有这样做才能实现目标。在一件重要的事情面前，即使是那些已经付出了努力的事情，也必须忍痛舍弃掉。

世界上有很多人之所以没有获得成功，主要不是因为他们没有能力、没有才干，而是因为不能集中精力、不能全力以赴地完成适合他们能力和个性的工作，从而导致他们浪费了自己有限的精力，而他们自己往往还没有察觉到这一重要的问题。如果把心中的杂念一一去除掉，我们的大脑就会更加清晰，思维就不会被搅乱，当生命中所有的“养料”都集中到一处的时候，那么我们在不远的将来一定会为自己感到骄傲：我们的事业之花竟然能结出这么美丽丰硕的果实！

【任务实施】

注意力的好坏并不是先天遗传的，而是靠后天的学习培养和训练得来的。有些人经过培养训练，注意力和注意品质得到很好的提高，所以要想提高注意力，培养良好的注意品质就应该进行有意识的训练，但更多的还是自我训练。

请同学们通过以下训练方法，学习如何提高自己的注意力。

（一）专注性训练

（1）复述数字。让别人出一组数字，如5473869，你来重复它，从七位数字开始，当感觉容易了，便升到八位，再升到九位，当升到十二位时，就不要再升了，每天只能升位一次。这个游戏每天“玩”10分钟左右，共练习一个月左右。

（2）学播音。电视播送新闻时，电视说一句，你学一句，嘴上学上句时，耳朵要注意下句，每天5分钟，连续一月，到连续学10分钟不错5个字时，你的专注力就达到良好了。

（3）抄书。将你喜欢的好文章抄到摘抄本上。刚抄时，一次看的字数不得少于六个，依次增加，当你平均每次能看（记住）约十五个时，你的专注力已经训练得很不错了。

（4）快速计算。随机出两组五位数作为加数写在一张纸的上端，将相加的得数写在两组加数的下面（进位到十万位的数舍掉）；再计算得数与第二个加数的和，把得数写在前一个和的下面，依次循环相加，越快越准越好。用一张A4纸，大约可以计算20组。训练有素的成年人可以在1分钟之内完成，小学生通过训练可以在1分30秒左右完成，低年级的同学应该可以争取在2分钟以内完成。每天一次，每次一张纸（约20组）。这项训练需要高度集中注意力，相当于1～2分钟内完成约100次加法，强度还是比较大的，长期坚持能有效提高学生的专注力。另外，我们知道，加法是一切数学运算的基础，加法速度的提高对学习数学也同样大有好处，即使是高年级学生同样可以运用此法训练，并从中得益。

举例：

37629………①

86135………②

123764………③=①+②（进到十万位的1舍掉不写）

109899………④=②+③（进到十万位的1舍掉不写）

33663………⑤=③+④

43562………⑥=④+⑤

（二）持久性训练

（1）准确朗读。要求自己读一篇文章，在清楚、流利、中速（每分钟200字左右）的基础上，保证一字不差。在读完第20篇（每篇约一千字）时，注意力达到“足够用”（须有别人监听记录）。

（2）记录新闻。听“新闻和报纸摘要”节目或看“新闻联播”节目，或别的新闻节目。在刚听（看）完之后马上写出共多少条新闻，其中国内多少条，国外多少条，男女播音员各播多少条，最主要的六条是什么。坚持20天，持久性就有很大的提高。

任务3　积极参赛　促进成长

【任务描述】

1．了解赛场情绪状态

2．了解创造性人格形成的影响因素

【任务目标】

1．及时调整情绪状态应对比赛

2．培养创造性人格

【知识链接】

积极参赛　促进成长

一、赛场情绪状态

不管人生中任何一场显性或隐性的“比赛”，都是一次创造性的活动，都会遇到一些情绪变化，我们可以通过学习了解和应对。在这一过程中，创造性焦虑、激情、热情与心境都是常见的情绪状态。

（一）创造性焦虑

焦虑是人在面对困难和危险等应激情境时所产生的一种情绪紧张状态。在应激情境下，唤起和保持适度的焦虑具有积极的意义，它可以充分调动机体的能量，提高人的警觉性和反应速度。

人在面对认知难题且有较强的求解动机时，也会有紧张、焦虑的情绪体验。这种与创造活动相伴而生，并随着创造活动得出了预定的结果而消失的焦虑，就是创造性焦虑。创造性焦虑是在创造过程中，由“对成功的企盼”和“对失败的担心”交织而成的一种情绪紧张状态。

一般的焦虑只是由于预料、担心某种不良后果或模糊性威胁的出现而引发的，本质上是出于对失败或不良后果的担心。创造性焦虑除了对失败的担心之外，还掺杂了对成功的急切向往。创造性焦虑属于一种情境性的焦虑，因情境而发生，具有暂时性，且与问题难度、解题时间上的持久性成正相关，一旦问题得到解决，这种焦虑也就自然消失。因此，创造性焦虑有别于作为一种人格特质的特质焦虑及病理性焦虑。

适度的创造性焦虑对创造性活动具有促进作用，可以激发动机，让头脑变得敏捷，维持较高水平的活动性，并提高活动的效率。

（二）激情

激情是一种短暂、强烈、爆发式的情绪状态，包括大喜、大恸、大怒。人在应激时常会伴生这种情绪状态。

普希金说过，愤怒出诗人。因为诗人需要激情，愤怒可以让人的胸臆喷涌而出。但迄今为止，尚未见过愤怒出科学家，这是因为科学研究通常需要冷静和长期的思考。但愤怒却可能激发创造的强烈动机。

1884年的一天，欧洲一家公司的业务员沃特曼在交易会上好不容易说动了一位客户，达成了一笔交易的意向。就在他递上墨水和一支当时人们使用的羽毛笔准备签合同时，却不料羽毛笔尖滴下几滴墨水，把合同纸弄脏了。就在沃特曼去寻找新的合同纸的空当儿，另一家公司的业务员乘虚而入，抢走了那笔生意。沃特曼为此大为恼火，他把失败的原因全部归咎于那支该死的羽毛笔！盛怒下，他决心研制出一种能够控制墨水，不再“下蛋”，且使用方便的自来水笔。经过潜心研究和反复实验，沃特曼终于设计并制造出第一支自来水笔，自来水笔可谓“盛怒之后的发明”。不过，在这个发明过程中，愤怒也只是起到了激发发明动机、激励并维持创造活动进行的作用。盛怒之后的研制过程，还是心平气和的。

应当说，出于愤怒做出创造发明的事例较为罕见，但罕见不等于可以忽视。这样说并不是鼓励人们通过发怒去寻找创造的灵感，而是提醒人们，幸运之神有时也会以愤怒的方式来敲你的门，不要让自己错过了这种特殊形式的机会。

关于激情与创造，2011年诺贝尔物理学奖获得者萨尔·波尔马特在回顾自己获奖过程时说道：“如果你认为一个研究项目让你很兴奋，你就坚持做下去。事实证明你花费的时间和精力都是值得的。”他回忆说，“我们刚开始进行这个研究时处境很困难，面对很多批评和质疑。那时我很年轻，还比较冒傻气，但我对研究充满激情，我要去尝试。”

由此可见，激情是战胜困难的一种强大的心理动力。

（三）热情

热情是一种积极、强烈、持久的情绪状态。热情是创造活动得以维持的重要动力。爱因斯坦认为，兴趣和爱好是最好的老师。兴趣是人对一定对象的认识倾向，使得人对相关对象予以优先的注意。爱好则是在兴趣基础之上形成的行为倾向，也可以认为是兴趣的效能性表现。人在从事自己感兴趣或爱好的活动时，都会伴有积极的情感体验。因此，培养和保持相关兴趣，是保持创造活动热情的有效举措之一。

科学史上的那些大师们，终生对科学都抱有一种高度的热情。热情是大师们毕生从事创新活动的不竭动力。这种热情是那样的单纯，只与不懈追求创新成果的过程相伴，除此之外，没有任何世俗与功利的考量。

2010年9月17日，美国著名免疫和遗传学家布鲁斯·巴特勒在中国厦门大学漳州校区的“科学与人生——知名教授进校区”系列讲座上，给学生提出三条建议，第一条就是要热爱你所做的事情，热情非常重要，不要向钱看，少一些功利心；第二条是一定要尽早发现自己的兴趣所在；第三条是一定要努力学习、工作。

当2010年诺贝尔化学奖得主铃木章教授被问到：“在研究过程中感到枯燥和想放弃的时候，是如何激励自己坚持下去最终成功获得诺贝尔奖的？”他回答说：“研究过程是非常辛苦的，自己并不是为了得到诺贝尔奖而去进行学习研究；当你热爱且觉得某项研究是非常有趣的，那么即使你失败了，也还是会有充分的热情和动力去继续前进。希望以后进入理科领域从事研究工作的同学，以饱满的热情去喜欢、欣赏、热爱所研究的内容，想必就可能在科学领域取得发展和成绩。”铃木章教授还说，“不管在座的学生将来会从事哪一方面的工作和研究，希望大家能够多看书、多学习，对知识始终保有热情。”

（四）心境

心境亦即人们通常所说的“心情”。心境是一种微弱、弥散、持久的情绪状态。心境有时微弱到当事人甚至没有意识到自己这种情绪状态的存在。心境一旦形成，会在一段时间内持续、稳定地影响人的活动，使人的活动打上同一种情绪色彩或烙印。日常生活中人们不乏有这样的体验：心情好的时候看什么都顺眼，而心情不好时则看什么都烦。这就是心境的弥散性特点。激情与热情可以影响人的心境。激情过后，人的情绪状态会转成一种心境。而热情则有助于人在长久时间内保持一种积极、愉快的心境。创造活动，特别是需要较长时间潜心研究的科学问题，需要研究者保持持续的注意和冷静的思考，即使是因愤怒或激情而引发了研究动机，在随后的研究中也需要保持平静和冷静的状态。因此，平和、恬静的心境是创造活动所需要的心理条件。生理心理的研究也表明，人在积极、愉快的情绪状态下，人的血清素的含量水平较高，此时人的情绪稳定、思维活跃，从而有利于科学创新。

二、塑造创造性人格

心理学家关于遗传与环境在人格发展中作用的研究，为创造性人格塑造提供了科学的依据。在智力水平相近的情况下，由于后天环境的不同，造成了两者的巨大差别。对于创造性人格塑造有7条建议：

（一）积极运动

动物实验表明，与不爱运动的个体相比，爱运动的个体大脑功能更强，也更聪明。受益于运动的不仅仅是大脑。适度运动对机体的有益作用是整体性的，比如增强对活动的耐受性，使机体能够承受更长时间、更大强度的活动，在活动中始终保持充沛的精力；改善睡眠，让机体更容易从疲劳中恢复过来等。科学史上的一些高创造力个体在运动方面的成就甚至不亚于他们在科学上的成就。例如，获诺贝尔奖的尼尔斯·玻尔（物理学家）和他的兄弟哈拉德（数学家）都曾是国家足球队的队员。2021年7月25日，主要研究方向为偏微分方程和几何分析的30岁奥地利数学女博士安娜，获得东京奥运会女子公路自行车冠军。

（二）新颖、富有挑战性的、有意义的学习

案例：兴趣和热爱是最好的老师

与死记硬背、被动驱使的学习者相比，那些积极、自觉地学习新知识和新技能的人会形成更好的学习能力。脑神经科学家迈克尔·吉尔加德和迈克尔·默茨尼克通过实验发现，只有在确认一件事情值得学习的时候，大脑某一区域才能被激活。没有这个激活过程，大脑便无法产生形成记忆的乙酰胆碱，也就无法保存新学的东西。这也从脑神经机制上解释了为什么兴趣和爱好是最好的老师。

（三）积极、丰富的生活内容与环境

20世纪，美国伊利诺伊大学的心理学家比尔·格里诺在实验室利用老鼠进行复杂环境的影响实验。他的研究生经常用硬纸板和钢丝做成各种玩具小屋，里面有好多房间、门、特制的斜坡和出口等，以提高实验的难度。复杂环境意味着个体要尽可能地与其他个体接触，学会相处和共同生存。复杂性意味着多样性、挑战性和外界环境改变的不可预知性。实验发现，在复杂环境中生活的个体，大脑变得越发复杂，功能也更加全面，复杂环境甚至可以改变神经生长因子的主要部分，从而维持大脑的健康状态。美国加州大学的鲍勃·雅格布斯发现，学习者的学习生涯越具挑战性和复杂性，大脑能生成的树枝状和连接点便越多。他以20多岁的大学生为研究对象，发现学生的生活越丰富，其大脑便会越复杂。复杂环境的三个标准特点是多样性、挑战性和不可预测性。这样的环境有利于大脑的发展，也有利于创造性人格的塑造。

（四）可掌控的压力水平

心理学告诉我们，适度的动机强度和压力水平能够激发和提高人的活动效能，但当动机过于强烈、压力超过一定的阈值时，人的活动效率反而会下降。神经生理学的实验发现，当神经末梢与压力感触器接触时，其长度减少了18%～32%。精神紧张会减少新的神经元的生成。这也从细胞水平上解释了为什么过分紧张会降低人的认知水平。

（五）社会支持

人不是孤立的社会存在，而是社会性的动物。人的生存与发展都离不开一定的社会环境和条件。人与环境的相互作用成就了现实的人格。社会支持的意义首先在于影响个体的自我概念，进而影响人的自我期望和行为。那些人格成熟、心理健康的人，通常都有一个良好的社会支持系统，包括亲人、同事、团队乃至大的社会环境。良好的社会支持系统给人以安全感、价值感和社会认同感。

（六）良好的营养

以老鼠为实验动物的研究表明，营养供给能对学习与记忆产生积极的影响。与营养不平衡的老鼠相比，那些营养均衡的老鼠其空间辨别能力有显著的提高。一个以0岁至学龄儿童为对象的研究表明，营养供给对认知能力、社会经济地位以及社会亲和度均有长期影响。而且营养不仅有质和结构的概念，还有量的概念。研究者通过观察和对比研究发现，饥饿与营养不良有损健康，对人的行为和认知能力也产生不良影响，吃得太多也会影响大脑的发育和工作效率。科学家们认为，吃得少但精致些，可以比一直进食的状态下生成更多的脑细胞。适当控制食物的摄入总量，可减少体内的自由基，提高大脑的工作效率，最大限度激发人的智力潜能。

（七）充足的时间

无论是动物还是人类，也无论是认知还是行为，通过短期的强化学习也许会产生明显的效果，但只有持之以恒才能保持效果。能力的发展、态度的形成、人格的塑造也都是如此，非一朝一夕即可毕其功于一役的。由于人格的多样性和复杂性，创造与人格的关系也许是创造心理学中最难研究的领域。可以肯定的是，创造需要健全的人格，而健全的人格有利于创造。

【任务实施】

请同学们通过以下训练方法，学习如何调节比赛的情绪状态。

1. 呼吸调节法

呼吸调节法是选手临场处理情绪波动的一种心理调节方法，即通过深呼吸可以使运动员的情绪波动稳定下来。当情绪紧张激动时，呼吸短促，这时可以采用缓慢的呼气和吸气练习达到放松情绪的目的。当情绪低沉时，通过长吸气与有力的呼气练习，能提高情绪的兴奋水平。这种方法之所以能奏效，是因为情绪状态与呼吸之间有着必然的联系。

例如，情绪紧张时，呼吸快而浅，由于快呼吸，使体内进入大量氧气，呼出大量二氧化碳，问题在于二氧化碳呼出的过多，会使血流中的二氧化碳失去平衡，时间一长，中枢神经便会迅速作出抑制的保护性反应。这时，运动员可以采用加深或放慢呼吸频率的方法来消除紧张，一小段时间内，使呼吸放慢和加深，就会得到安静的效果，重新获得对呼吸功能的控制，使运动员产生可靠感。这是克服赛前紧张和焦虑的最基本方法之一。

2. 回想过去成功的比赛

回想过去失败的比赛，会使人心有余悸，从而产生焦虑的情绪但回想过去成功的比赛，再现当时的情景，回味当时自信、愉快的体验，会使运动员从中受到鼓舞，得到力量，变得自信、从容。所以运动员在比赛前多想过去那些自豪的、愉快的、取得冠军的比赛，就能克服赛前的紧张和焦虑。例如，第一个在世界剑坛上获得亚军的亚洲人——栾菊杰。在1978年西班牙马德里举行世界青年击剑锦标赛中，栾菊杰虽然在比赛中被对方击伤，但她不气不馁，很快调整心理压力，想起她在第一次参加世界青年锦标赛所取得的优异成绩，及时调整战术，最终获得世界青年击剑锦标赛的冠军。

3. 简单的练习及评论

在比赛前可以独做一项简单的技术练习，让教练、队友对此作出评价。如果与存在同样问题的队友一起做此练习，还能加强你们之间的集体精神，因为身体运动常常可减轻甚至消除紧张及焦虑不安等不良情绪。

例如：加拿大跳高选手奥蒂，每次跳高时都要跑到横杆处，默念动作要领5遍，然后才开始试跳、过竿。瑞典跳高运动员派立克，站好位置后，要先走一遍试跳路线，再回到原来位置，稍停片刻，拍一下手同时大叫一声，才助跑试跳、过竿。

4. 念动训练

念动，即由运动观念而引起的运动反应，是通过对运动的想象或回忆来实现的。通过想象或回忆某种运动动作，引起神经肌肉的相应变化，从而起到训练的作用，这就叫做念动训练。例如，平衡木运动员担心自己会掉下来，只要这个念头一产生，果真会掉下来；比赛中，若前面运动员从平衡木上掉下来，往往会影响后面的运动员等。

念动训练不仅可以促进技战术的形成与巩固，而且能有效地集中注意力，消除心理障碍，增强信心，使选手从紧张和焦虑中解放出来，振奋精神，斗志昂扬地参加比赛。如果选手能在赛前的“一瞬间”想象出自己创造优异成绩的最佳情境，就越能激发运动员增力情绪的增长，充分发挥自己的运动水平。

任务4　回望反馈　从“心”再出发

【任务描述】

了解促进自我成长的方法

【任务目标】

通过有效措施引导学生自我成长

回望反馈　从“心”再出发

【知识链接】

生命的过程在于体验和成长。不管成功还是失败、美好还是伤悲，都是一种体验，都是有价值的成长资源。

对于同样有压力的活动，喜欢和不喜欢该项活动的人，对压力的认知和体验是不同的。喜欢者会将其看作是一件乐事，所谓苦中作乐，苦亦是乐；不喜欢者则会将其看作是一种磨难，必欲尽快逃之而后快。二者的抗压能力表现会大相径庭。因此，树立崇高的理想，对创造活动有着发自内心的热爱，喜欢应对困难和挑战，这些过去看似属于“思想政治工作”范畴的内容，对于从个性心理倾向方面改变对创造过程中的困难与挑战的认知与体验，提高人的心理抗压能力，进而保障创造活动的坚持与成功，显然具有积极的意义。

动物实验表明，与单纯良好的自然环境相比，社会环境在个体的发展中具有更重要的作用。同时具有良好自然环境与社会环境的个体，获得了两大生长因子，从而提高了大脑的可塑性和对环境的适应性。心理学家埃里克·杰森认为“社会影响给人脑带来的不只是基因表征，还包括基因组成。”2000年诺贝尔医学或生理学奖获得者埃里克·坎德尔认为“基因研究表明，社会环境、情绪变化以及信仰系统三者的影响力足以改变基因表征。”

在面对环境时，人与动物很重要的一个区别就是动物通常只能被动地适应环境，而人则可以主动、能动地选择和改变环境。成熟的人，一方面是良好环境的受益者，另一方面也是良好环境的建设者。人可以选择不同的人做朋友，也可以选择不同的社会关系来建立自己的社会支持系统。人应该选择那些积极、健康、向上、友善、睿智的人做朋友，并据此建立自己的社会支持系统。

在回望反馈中，我们可以引导自我成长的三个措施是：

一、加强自我正面激励

正面激励是增强大学生自我效能感的一条重要的途径。大学生要进行创业的想法或者正在进行的创业活动受到他人的鼓励或支持时，其创业自我效能感就会得到极大的提升。即使正在进行的创业活动面临困境，那么大学生创业者也会以积极地心态去面对和解决，反之，当大学生的创业想法或者是正在进行的创业活动受到他人的质疑、批评和不被看好的时候，其创业自我效能感便会降低，即使正在进行的创业活动很顺利，也会对自己的创业活动没有信心，觉得自己没有能力进行创业，以后的创业活动一旦出现问题，便会很容易放弃。创业教师对大学生效能感的培养具有十分重要的影响，因此，教师在对大学生进行创业教育时，应该充分利用课上创业理论教育和课下的创业实践教育，及时对大学生的创业想法或者创业行为进行反馈和评价，发现他们在创业方面的闪光点，多给予积极的正面评价，多鼓励，尽量避免消极的评价，保持和增强大学生的创业信心和创业自我效能感。

二、提升大学生创业心理资本

大学生创业心理资本指的是大学生对创业活动的信心和希望、乐观和毅力等方面的心理活动以及自我管理和团队协作能力。这些积极的创业心理会使大学生在创业活动中保持积极乐观的心态，对于创业活动中出现的各种突发情况以及可能出现的风险都能够积极地面对和解决。大学生积累创业心理资本可以通过做慈善活动、志愿活动等途径来进行，在做这些活动的过程中使自己得到满足，体现自己的价值，在创业机会、创业资源和创业团队都成熟的时候进行创业活动。

三、鼓励大学生形成积极的归因方式

美国心理学家班杜拉的一项研究发现，个体对于自身行为的归因方式会直接影响对自我效能感的评价，积极的归因对个体的自信和成功的愿望具有激励作用，消极的归因方式会使个体意志消沉。伯纳德韦纳的归因理论认为，人们对于行为造成的结果进行归纳，通常是通过三个维度来进行的，分别是内部和外部、可控和不可控、稳定和不稳定。此外还有四个代表性的原因，分别是能力、努力、运气和任务。因此，高校对大学生进行的创业教育，要合理地运用归因训练，引导大学生将自己创业成功归因于自己的创业能力较强这一内部稳定和可控的因素；将自己创业活动遭遇的困境或者是失败归因于自己选择的创业任务太难、超出自己的能力之外、没有发挥出自己的优势、运气不好等这些外部不可控和不稳定的因素，这样使大学生形成强烈的成就动机，不会挫败大学生的自信心，防止大学生产生无助感，使之保持较高的创业自我效能感。

【任务实施】

请同学们根据本任务点所学知识，结合生活实际进行正确的归因训练。

任务5　心理团辅：世界咖啡——自我成长分享会

【任务描述】

开展心理团辅活动，选择“世界咖啡”中的角色进行探索。

【任务目标】

学会探索自我，促进心灵成长。

【知识链接】

世界咖啡——自我成长分享会

一、结课团辅：世界咖啡主题活动

（一）活动目的

通过对前期课程的学习，更好地探索自我，以获得心理成长。

（二）活动内容

自主选择“世界咖啡”中的角色：主持人或参与者，开展探索。

（三）活动时间

80分钟。

（四）活动道具

纸、笔。

（五）活动步骤

（1）第一轮会谈（对主题进行探索）。

将与会者按照4～5人一桌分成小组，在桌子上铺上书写纸，让与会者一边在纸上随意涂写，一边进行会谈。

（2）第二轮会谈（对观点进行异花授粉）。

每组只留下一个人作为“招待”留在原桌，其他人作为“旅客”转移到其他桌子。每桌的“招待”迎接转移过来的与会者，进行自我介绍后向他们说明在第一轮会谈中这一桌所得到的观点。简单进行说明之后“旅客”向大家介绍自己所在桌的会谈内容，并在书写纸上追加新的观点，探索其中的关联。在这个阶段，与会者所做的就如同蜜蜂从一朵花飞到另一朵花实施异花授粉。在本次活动中，全体的引导者被称为“主持人”。此外，第二轮对话留在原桌的人也被称为“主持人”。为了避免混淆，我们把前者称为“咖啡屋主人”，后者称为“咖啡桌主人”。

（3）第三轮会谈（对观点和发现进行整合）。

第三轮会谈时，旅客再次回到原来的咖啡桌，带回旅途中得到的观点，继续进行会谈。

（4）全体会谈活动（收获并分享群体发现）。

第三轮会谈结束后，咖啡屋主人作为引导者，分享所有与会者进行的会谈和此前所得到的观点。

（六）学生分享

同学们表示通过这个活动可以发现对别人的优点，了解自己的内心，体会别人的感受。

（七）活动要点

（1）把意识集中在会谈的问题上。

（2）积极说出自己的想法。

（3）发言简明扼要。

（4）仔细倾听对方的发言。

（5）尝试将想法关联起来。

二、课后拓展——趣味案例

（一）周末选择

城市的东边有一个游泳中心，城市的西边有一个网球中心。A同学既喜欢游泳，又喜欢网球。每逢周末，他总在地铁站前面临着选择：去游泳呢，还是去打网球呢？最后他决定，如果朝东开的列车先到，他就去游泳；如果朝西开的列车先到，他就去打网球。

A同学在周末到达地铁站的时间完全是任意的、随机的，没有任何规律，而无论是朝东开的列车，还是朝西开的列车，都是每10分钟一班，即运行的时间间隔都是10分钟。因此，A同学认为，每次他去游泳还是去打网球，概率应该是一样的，正像扔一枚硬币，国徽面朝上和币值面朝上的概率一样。

一年下来，令A同学百思不得其解的是：用上述方式选择的结果，他去游泳的次数占了90%以上，而去打网球的次数还不到10%！你能对上述结果做一个合理的解释吗？（答案见附录）

（二）车牌号是空的

一辆汽车肇事后逃跑了，警长柳多维克立即赶到了出事地点。一位见证人说：“当时我通过后视镜发现自己车的后面有一辆车突然拐向小路，飞驰而去，就顺手记下了那辆车的车牌号。”柳多维克说：“那可能就是肇事的车，我马上叫警察搜捕这辆18UA01号车。”几小时后，警察局告知柳多维克，见证人提供的车号18UA01是个空号。现在已把近似车号的车都找来了，有18UA81号、18UAlO号、10AU81号和18AU01号4辆车。柳多维克环顾了所有的车号，然后从4辆车中找出了那辆肇事车。请问是哪一辆？（答案见附录）

【任务实施】

请同学们参照“世界咖啡心理团辅活动”进行练习。

“世界咖啡”的开展

欢迎诸位来到咖啡屋，我是今天“咖啡屋”的主持人，活动是为了促进大家的互相理解，没有必要作出结论，请大家畅所欲言，不过因为今天的主题是____________________________，所以请大家不要偏离这个主题太远。

（一）说明

1. 形式

“世界咖啡”模拟咖啡屋一般的轻松气氛，对于设定的主题进行集中会谈。具体的说，就是让与会者四至五人组成一个小组，在更换成员的同时持续进行会谈，最后达到如同全体会谈的效果。世界咖啡最少16人就可以实施，但也有1000人以上的世界咖啡，它有两三小时就可以举办，比较容易上手，而且过程也比较简单，容易引导，正因为这样，世界咖啡在企业和非营利组织中被广泛运用于教育研修以及组织变革公司内部沟通等目的。

2. 流程

参与者被分在各桌进行三轮会谈和全体会谈活动，每桌人数约5人，每轮会谈约25分钟。每轮会谈结束以后，请每个小组指定一名咖啡桌主人，咖啡桌主人留在圆桌，其他与会者全部移到其他桌，以新的组合进行下一轮会谈，三轮会谈后，所有人把“旅行”中得到的观点收集到一起，就今天的思考进行对话。

3. 礼节

为了让世界咖啡形成一个效果更好的场域，我对各位与会者有一些请求，请大家遵守。

（1）把意识集中在会谈的问题上。

（2）积极说出自己的想法。

（3）发言简明扼要。

（4）仔细倾听对方的发言。

（5）尝试将想法关联起来。

（6）共同倾听，探索深层的问题。

（7）带着有趣的心态，随手涂写，随手涂画。

（8）请享受这次会谈！

4. 书写纸的使用

大家一边会谈一边自由地在书写纸上涂写实用的观点或图画，写的内容不是为了以后发布的，所以无需整理好。书写内容，可以用来向新来到咖啡桌的人说明这张桌上进行了怎样的会谈。请大家尽量在中间用大一些的字书写，以便所有人都能看清楚。在书写纸上自由地添加自己想到的内容，而且更容易产生新的观点。

（二）活动流程

1. 开始第一轮会谈

下面请交谈，当30分钟时间到了，我会举手示意，大家请同样举手，因为我不想用很大的声音强制中断交谈，请大家配合，那么请开始吧。

（过渡：感谢大家的合作（举手感谢），那么接下来进入第二轮会谈，请每桌确定一位咖啡桌主人，咖啡桌主人留在圆桌，其他各位成员作为旅客转移到其他桌。）

2. 开始第二轮会谈

请咖啡桌主人热情地迎接新朋友，自我介绍结束后，咖啡桌主人简要说明一下，这张桌子上进行了怎样的对话，提出了怎样的观点；接下来由旅客讲述在自己所在桌提出了哪些内容，每个人在讲述时，尝试思考想法之间有着怎样的关联。请各位不断在交流过程中，记下各种想法，以及它们之间的关联，同时认真倾听是否出现了什么新的观点。下面开始移动，20～30分钟后我再举手，到时候大家也请举手并中断谈话，请开始。

（过渡：感谢大家的合作（举手感谢），那么接下来进入第三轮会谈，现在请大家回到最初的桌上。）

3. 开始第三轮会谈

请大家将此前的各种想法连接起来，书写纸上写着前一轮旅客添加了的内容。咖啡桌主人说明前面的旅客都带来了怎样的视角，旅客描述在旅途中带回来怎样的视角，并尝试思考这些想法是如何关联起来的。另外也谈谈得到的启示，不仅包括对那些写在纸上的内容，也包括对那些字里行间的启示。

4. 回顾表的填写

在三轮会谈中，请将印象深刻的发言和讨论记入回顾表，并分享群体的发现。

回顾表

小提示：

① 在回顾表填写前可设置“沉默时间”，在此期间记录下自己印象最深的关键词。

② 将自己认为最重要的观点书写下，并展示出来。

③ 小组成员的想法和疑问由咖啡屋主人梳理。

④ 投屏展示的想法和观点可由咖啡屋主人选择。

⑤ 请与会者简短地说出自己的感受，大家不做评论。

⑥ 时间到了以后，互相致谢分享交流，闭会。

5. 咖啡屋主人工作原则

（1）营造舒适、开放、支持的心理空间。

（2）注意工作主要是支持和引导，不要刻意控制和评论成员的观点。

（3）鼓励个体的自由表达，力促集体智慧的发酵。

（4）鼓励使用书写纸、静默时间等手段。

（5）重视和收集成员反馈以促进下一次“世界咖啡”的开展。

项目小结

职业技能大赛是依据国家职业技能标准，结合生产和经营工作实际开展的，以突出操作技能和解决实际问题能力为重点的、有组织的群众性竞赛活动。其能够充分展示职业教育改革发展的丰硕成果，营造全社会关心、职业教育发展的良好氛围，促进职业院校与行业企业的产教结合，更好地为中国经济建设和社会发展服务。本项目教学主要从了解各类职业技能大赛的特点，学习如何寻找适合自己的赛道切入，进一步介绍了比赛时的情绪特点和形成创造性人格的有效方法，引导学生在比赛时及时调整适合的情绪状态，培养学生坚持不懈的品格，通过比赛学习执着专注、追求卓越、精益求精的工匠精神，树立远大的理想抱负，放眼世界，培养家国情怀。同时通过参赛促进自我成长，生命的过程在于体验和成长，只有正确对待生命过程中的成功与失败，改变对困难与挑战的认知与体验，提高抗挫折能力，才能体验到生命的价值和意义。

微信扫一扫，使用小程序
NCVT-匠“心”工坊

参考文献

[1] 俞国良．心理健康教育学科融合研究[M]．北京：北京师范大学出版社，2021．

[2] 阎力．创造心理学[M]．上海：华东师范大学出版社，2016．

[3] 米哈里·希斯赞特米哈伊．创造力：心流与创新心理学[M]．黄珏苹，译．杭州：浙江，2015．

[4] 王静．创造力从何而来[M]．北京：知识产权出版社，2020．

[5] 俞国良．心理健康教育前沿问题研究[M]．北京：北京师范大学出版社，2021．

[6] 孙汉银．创造性心理学[M]．北京：北京师范大学出版社，2016．

[7] 段轩如．创意思维实训[M]．2版．北京：清华大学出版社，2018．

[8] 香取一昭，大川恒．一起世界咖啡：创造集体智慧的会谈实践[M]．直子，译．北京：电子工业出版社，2020．

[9] 詹姆斯·奥洛克林．人人都是创新者：让你做事更具创意的简单方法[M]．李雪超，译．北京：人民邮电出版社，2017．

[10] 弘丰．一套书读懂逻辑：最强大脑[M]．北京：应急管理出版社，2020．

[11] 罗德·贾金斯．学会创新：创新思维过程与方法[M]．肖璐然，译．北京：中国人民大学出版社，2020．

[12] 彼得·金德曼．重新定义心理学：关于心理学的另类思考[M]．黄珏苹，译．北京：中国人民大学出版社，2018．

[13] 林崇德．创造性心理学[M]．北京：北京师范大学出版社，2018．

[14] 约翰·杜威．学校与社会·明日之学校[M]．赵祥麟，任钟印，吴志宏，译．北京：人民教育出版社，1994．

[15] 费迪南·费尔曼．生命哲学[M]．李健鸣，译．北京：华夏出版社，2000

[16] 马丁·海德格尔．存在与时间[M]．陈嘉映，王庆节，译．上海：生活·读书·新知三联书店，1987．

[17] 瓦西留克．体验心理学[M]．黄明，译．北京：中国人民大学出版社，1989．

[18] 冯建军．生命化教育[M]．北京：教育科学出版社，2007．

[19] 庚镇诚．生命本质的探索[M]．上海：上海科学技术出版社，2004．

[20] 刘次林，朱小蔓．幸福教育论[M]．北京：人民教育出版社，2003．

[21] 刘济良．生命教育论[M]．北京：中国社会科学出版社，2004．

[22] 刘铁芳．走向生活的教育哲学[M]．长沙：湖南师范大学出版社，2005．

[23] 王定功．生命价值论[M]．北京：教育科学出版社，2013．

[24] 中共中央马克思恩格斯列宁斯大林著作编译局．马克思恩格斯选集（第1～4卷）[M]．北京：人民出版社，2012．
[25] 姚裕群．职业生涯规划与发展[M]．北京：首都经济贸易大学出版社，2003．
[26] 李维，张诗忠．心理健康百科全书[M]．上海：上海教育出版社，2004．
[27] 郑希付．健康心理学[M]．上海：华东师范大学出版社，2003．
[28] 林崇德，杨治良，黄希庭．心理学大辞典[M]．上海：上海教育出版社，2003．
[29] 任俊．积极心理学[M]．上海：上海教育出版社，2006．
[30] 仲少华，蒋南牧．新编大学生心理健康教程[M]．上海：上海交通大学出版社，2012．
[31] 彭纯清，孙霞．大学生心理素质训练：开启心灵之旅[M]．武汉：华中师范大学出版社，2014．
[32] 唐慧敏．大学生幸福能力培养实操教程[M]．北京：高等教育出版社出版社，2017．
[33] 樊玉杰．大学生差错取向、创业自我效能感与创新行为的关系研究[D]．天津：天津大学，2021．
[34] 内田彩仍．幸福的习惯：创造每日小确幸的方法[M]．王春梅，译．沈阳：辽宁科学技术出版社，2021．
[35] 刘孟超，黄希庭．希望：心理学的研究述评[J]．心理科学进展，2013，3：548-560．
[36] 张青方，郑日昌．希望理论：一个新的心理发展视角[J]．中国心理卫生杂志，2002，6：430-433．
[37] 徐强．大学生希望感与心理健康的关系[J]．中国健康心理学杂志，2010，2：178-180．
[38] 黎志华．大学生希望感的发展轨迹、影响因素及其与心理健康的关系[D]．长沙：中南大学，2013．
[39] 陈丽利．五年制大专生的希望感及其影响因素——以南京工程高等职业学校为例[D]．南京：南京师范大学，2016．
[40] 朱琪．希望对大学生注意偏向的影响[D]．重庆：西南大学，2015．
[41] 李小芳．不同心理韧性大学生情绪效价体验特点及其机制[D]．西安：陕西师范大学，2018．
[42] 吴隽，李葆文，陈树秋．创新小白实操手册[M]．北京：机械工业出版社，2020．
[43] 陆文春．大学生乐观问卷的初步编制[D]．重庆：西南大学，2008．
[44] 李晶彤．大学生乐观、应对效能与健康的关系研究[D]．哈尔滨：哈尔滨工程大学，2012．
[45] 韩力争．大学生创业自我效能感结构研究[D]．南京：南京师范大学，2011．

[46] 刘才刚．大学生自我效能感的提升路径探析[J]．继续教育研究，2015，7：104-106．

[47] 周衍安．世界技能大赛对职业教育人才评价的启示——专访北京师范大学赵志群教授[J]．职教论坛．2021，7：45-52．

[48] 张笑．全国职业院校技能大赛教学能力比赛对教育教学的影响研究[J]．太原城市职业技术学院学报．2021，6：54-56．

[49] 王颖．大学生生命观教育研究[D]．沈阳：辽宁大学，2017．

[50] 汪向东，王希林，马弘．心理卫生评定量表手册（增订版）[M]．北京：中国心理卫生杂志社，1999．

[51] 姚世杰．职业兴趣探查量表简版（IP-48-B）的初步修订[D]．扬州：扬州大学，2013．

[52] 纪宇．大学生情绪调节自我效能感、人际关系自我效能感与亲社会行为的关系研究[D]．济南：济南大学，2015．

[53] 梁宇颂．大学生成就目标、归因方式与学业自我效能感的研究[D]．武汉：华中师范大学，2000．

[54] 邢乐乐．贫困大学生自信心水平调查及干预研究[D]．南昌：南昌大学，2019．

[55] 朱月．元认知干预技术对提高大学生自我效能感的干预研究[D]．大连：辽宁师范大学，2017．

[56] 边玉芳．学习自我效能感量表的编制与应用[D]．上海：华东师范大学，2003．

附　　录

项目二　趣味测试

如果被试列举的字为：猪（皮）、羊（皮）、马（皮）、牛（皮）、兔（皮），则其应变性较差。如果被试列举的字为：书（皮）、树（皮）、脸（皮）、包子（皮）、狗（皮）等，则发散性较好。

项目二　如何开发新的椅子

灯管——发光——会发光的椅子。

灯管——玻璃——晶莹剔透、像童话世界里一样的水晶椅子。

灯管——有管状包围的椅子——年轻妈妈不必再担心宝宝会跌落下来的椅子。

灯管——电——电椅——电动椅、电摇椅、电暖椅、电凉椅、电驱动的轮椅。

灯管——电——电脑——和笔记本电脑整合在一起的椅子，随处拉开就可坐下办公的椅子，尤其适合野外工作的椅子。

灯管——台灯——办公桌——和桌子整合在一起的椅子，用时拉出，不用时收起，特别适合在狭窄空间（如小房间、潜艇、飞行器、航天器）里使用的组合桌椅。

灯管——日光——白天——白云——有云彩一样纹饰的椅子，坐上去像坐在云彩里一样有漂浮感的椅子。

灯管——发光——发声——产生昆虫厌恶的波长和音频——野外适用、有驱蚊功能的椅子。

灯管——电——声、光、动力——整合了自行轮椅、收音机、报警器、通信、电脑、电子游戏、温控等多功能的椅子，能改善那些坐在轮椅上行动不便的老人生活质量的椅子。

项目四　匠心的超越

参考答案：

1．周末选择

对本题的一个合理的解释是向东的列车和向西的列车到达该地铁站的时间间隔是1分钟。也就是说，向东的列车到达后，间隔1分钟向西的列车到达，再间隔9分钟后另一班向东的列车到达，等等。这样，当然向东去的可能性是90%。A同学产生迷惑的原因是，他只注意到同向的列车到站的时间间隔是相同的，而没有注意到相向而开的两辆列车到站的时间间隔是不同的。

2．车牌号是空的

10AU81号是肇事车。理由是见证人从自己汽车的后视镜中看到并记下的车号恰好是相反的，左右位置颠倒了。